中小企業における経営計画による経営理念の浸透

経営の「見える化」実現に向けて

宮島 康暢【著】

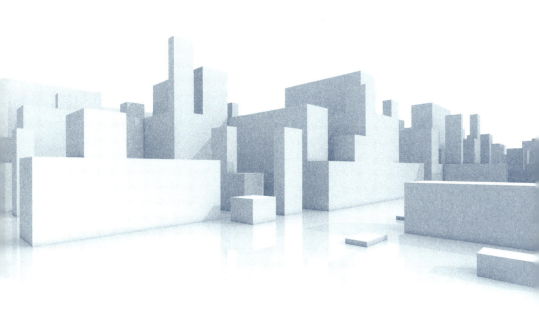

晃洋書房

i

目　　次

序　章　中小企業と「経営計画」 ……………………………………… 1

1　本書の背景　　（1）

2　中小企業・「経営計画」とは？　　（2）

3　経営計画の位置づけ　　（5）

（1）　先行研究の到達点

（2）　先行研究の課題

4　研究方法と本書の構成　　（7）

（1）　研　究　方　法

（2）　本書の構成および各章の概要

第1章　中小企業における経営理念と経営計画の役割 …………………… 11

は じ め に　　（11）

1　中小企業の現状と課題　　（12）

（1）　中小企業の定義

（2）　中小企業の現状

（3）　中小企業の抱える課題

2　中小企業における経営理念の役割と浸透方法　　（16）

（1）　経営理念の今日的意義

（2）　経営理念に関する先行研究

（3）　中小企業における経営理念の役割と浸透方法

（4）　経営理念の浸透における経営計画の役割

3　中小企業における経営計画の役割　　（24）

（1）　経営計画の今日的意義

（2）　経営計画に関する先行研究

（3）　中小企業における経営計画の役割

（4）　中小企業における経営計画の策定状況

4 「経営理念に基づく経営計画」の必要性と具体化　　(35)

　（1）「経営理念に基づく経営計画」の必要性

　（2）　大企業における経営理念の具体化と経営計画

　（3）「経営理念に基づく経営計画」の具体化のプロセス

第2章　中小企業における情報の非対称性 ……………………………… 41

は じ め に　　(41)

1 情報の経済学に関する先行研究　　(43)

　（1）　情報の非対称性の定義

　（2）　金融における情報の非対称性

　（3）　中小企業金融における情報の非対称性

2 中小企業における対外的な情報の非対称性　　(46)

　（1）　融資審査に必要な情報

　（2）　対称情報と非対称情報

　（3）　ジョハリの4つの窓と情報の整理

　（4）「隠された情報」の検討

　（5）　経営者の資質・能力と「経営者の信頼性」(未知の情報)

3 中小企業における対内的な情報の非対称性　　(54)

　（1）　対内的な情報の非対称性の意味

　（2）　対内的な情報の非対称性が存在することによる問題点

4 情報の非対称性と経営計画策定および実行の意義　　(58)

　（1）　情報の非対称性への対策としての「シグナリング」

　（2）　経営計画の策定および実行と情報の非対称性との関連

お わ り に　　(60)

第3章　中小企業の発展段階と経営管理システム ……………… 63

1 企業の発展段階に関する先行研究　　(63)

　（1）　企業成長と発展段階

　（2）　ベンチャー企業の成長モデル

（3）　中堅・中小企業の成長モデル

2　中小企業の発展段階と経営者のタイプ　　(71)

3　中小企業の発展段階と戦略　　(74)

（1）　Ansoffの所説

（2）　中小企業の発展段階と戦略

4　中小企業の発展段階と経営管理システム　　(76)

（1）　企業経営における経営管理システム（MCS）の役割

（2）　中小企業の発展段階と経営管理システム

（3）　中小企業の発展段階と組織における意思決定プロセスのタイプ

5　中小企業の発展段階に応じた経営計画　　(80)

第4章　中小企業における経営計画策定および　実行に関する実態調査 ……………………………… 85

1　アンケート調査の概要　　(85)

（1）　調査の目的

（2）　回答企業の概要

2　分 析 手 法　　(88)

（1）　比較層別要因の選定

（2）　比較指標の選定および指標値比較方法

3　経営計画の策定と実行状況の実態　　(89)

（1）　分析の視点

（2）　経営計画の策定に関する分析

（3）　経営計画の実行に関する分析

4　調査から見えてくる経営計画の位置づけ　　(102)

（1）　明らかにすべき知見

（2）　知見の確認

お わ り に　　(109)

第5章　中小企業における経営計画の活用事例 ……………………… 111

1　インタビュー調査の実施概要　　(111)

　　(1)　インタビュー調査の目的

　　(2)　インタビュー調査の内容

2　調査企業概要　　(112)

3　経営計画の活用事例紹介　　(114)

　　(1)　事例1　　株式会社みらい経営（成長期）

　　(2)　事例2　　A株式会社（成熟期）

　　(3)　事例3　　株式会社テクノプラスト（第二創業期）

　　(4)　事例4　　高末株式会社（成長期）

4　インタビュー調査で確認された知見　　(128)

　　(1)　知見1の確認

　　(2)　知見2の確認

　　(3)　知見3の確認

　　(4)　知見4の確認

　おわりに　　(132)

第6章　中小企業の発展段階に応じた経営計画と
　　　　情報の非対称性緩和の視点 ……………………………… 135

　はじめに　　(135)

1　経営計画モデルに関する先行研究　　(135)

　　(1)　Steinerの経営計画モデル

　　(2)　中小企業の経営計画モデル

2　中小企業における発展段階別の経営計画の特徴　　(142)

　　(1)　成長期における経営計画の特徴

　　(2)　成熟期における経営計画の特徴

　　(3)　第二創業期における経営計画の特徴

3　経営計画の策定・実行による情報の非対称性緩和の視点　　(152)

　　(1)　経営計画の策定・実行の経営管理上の効果

（2）　情報の非対称性への対応

（3）　経営計画の策定・実行と情報の非対称性緩和の視点

4　衰退期における経営計画（試論）　(158)

お わ り に　(161)

終　章　中小企業に対する本書の貢献と残された課題 ⋯⋯⋯⋯ 163

1　中小企業に対する本書の貢献　(163)

2　残された課題　(165)

補　論　真に顧客価値を高める金融機関だけが生き残る ⋯⋯⋯ 169

は じ め に　(169)

1　金融機関の現状と課題　(170)

（1）　金融機関の現状

（2）　金融機関の課題

2　金融機関における顧客価値とは何か　(174)

（1）　企業価値のとらえ方

（2）　金融機関における顧客価値とは何か

3　顧客価値を高めるマーケティング戦略　(177)

（1）　金融機関のマーケティング

（2）　顧客価値を高めるマーケティング戦略

（3）　社会的責任融資の提唱

お わ り に　(179)

あ と が き　(181)

参 考 文 献　(185)

索　　引　(197)

序　章　中小企業と「経営計画」

1　本書の背景

　本書は，日本経済における重要な役割を持つ中小企業が，健全に成長・発展していくにあたり必要なツールとして「経営計画」に着目し，その策定および実行の意義や効果について「情報の経済学」の視点から明らかにすること，および中小企業の発展段階に応じた経営計画のモデル構築を目的とするものである．

　筆者の社会人としてのスタートは，吸収合併された中部地区に本店を持つ都市銀行の地方支店勤務であった．中小企業の支援をしたいと入社前の役員面接で宣言して採用されたためかどうかはわからないが，希望どおり東海地区で5つの支店に勤務して，14年間一貫して中小企業向け営業に携わってきた．ちょうど，バブル経済の勃興から，バブル崩壊，その後の貸し渋り・貸しはがしが社会問題化した90年代の終わりまで，銀行の華やかなりし時代から銀行不倒神話の崩壊までを銀行内部で経験してきたことになる．その後，銀行員としての中小企業支援の限界を感じて，公的な中小企業支援機関へ転職し，直接金融を営む政府系金融機関の担当者として14年間中小企業にかかわってきた．

　銀行での担当先は，中小企業主体とはいえ上場している大企業から小規模事業者までさまざまであった．融資のセールスが主たる業務であったが，あまり企業の実態に注目することはなく，決算書の内容と担保や保証人等の保全状況をみながら融資稟議書を作成していたように記憶している．したがって，経営計画に注目することはほとんどなかった．

　政府系金融機関では，銀行員時代よりも担当先が少なく，融資や金融商品の

販売に奔走することもなかったため，じっくりと担当企業に向き合うことができた．特に，銀行は過去の実績，つまり決算書を重視するのに対して，直接金融では，過去の実績よりも将来の成長性や収益性の評価に重点を置くため，経営計画への関心もおのずと高まることになった．

ある年，担当していた40社の中小企業に対して経営計画を作成しているかどうか個別にヒアリングをしたことがある．担当先は，赤字企業はほとんどなく（赤字企業は5～10％程度），財務体質も良好な優良企業が主体である．したがって，中小企業といってもレベル的には売上10億円以上の中堅企業クラスが多く，ほとんどの企業は経営計画を策定しているものと想定していた．ところが，実際には経営計画を策定していたのは2割程度であり，それも売上・利益計画だけを策定している企業がほとんどであった．

筆者が担当していた企業は，業績が堅調で無借金企業も多く，一般的な中小企業のイメージとは異なる財務体質の企業であったと考えられる．つまり，本文の中で発展段階について研究しているが，その区分でいえば成熟期に属する企業が多く，経営計画の必要性を感じにくい企業が多かったものと想定される．

一方，日本の中小企業は約7割が赤字であり，昨今では金融もさほど厳しくなくなったとはいえ，大企業に比べれば資金調達が困難であることに疑いの余地はない．中小企業金融に関する研究においては，借り手である企業は返済能力に関する情報をもっているが，貸し手である金融機関は情報をもっていないという「情報の非対称性」が金融円滑化のネックになっているということが定説であり，そうであれば，情報の非対称性を緩和する手段を見つければよいのではないか，ということが本書の出発点である．

2 中小企業・「経営計画」とは？

そもそも，経営学の研究対象は大企業であり，中小企業には経営管理も管理会計も必要はなく経営学の対象にはならないという議論がある．一口に大企業といっても，それを証券市場に上場している企業に限ったとしても東京証券取引所第1部に上場しているトヨタ自動車，パナソニック，三菱重工業，日立製作所といった企業と東証マザーズに上場しているベンチャー企業とでは，その

規模も経営管理体制も異なる．まして，中小企業に関しては業種により基準は異なるが，製造業の場合資本金が３億円以下であれば，従業員が数千人いても中小企業基本法上では中小企業に該当し，家族で経営している商店街の生花店も中小企業であり，その多様性は大企業の比ではない．

　したがって，中小企業とはいっても，すべてが経営管理や管理会計を必要としないということはありえないであろう．もちろん，中小企業の経営計画をテーマにするに際しては，どのような中小企業を対象とするのかということが問題になる．本書では，対象となる中小企業を概ね従業員20〜300人の法人企業と想定している．なお，中小企業基本法では中小企業の中でもより規模の小さい企業を小規模事業者と区別して定義している．この定義によれば，製造業等では20人以下，商業・サービス業では５人以下が小規模事業者とされている．2014年現在の中小企業者381万者のうち，小規模事業者は325万者とされており，本書の対象となる中小企業はおよそ56万者ということになる．

　次に，研究の対象となる経営計画とはどのようなものなのかということが問題になる．中小企業に対するさまざまな調査での経営計画の策定状況は，調査対象が違うために断定はできないが，一部の調査を除き６〜８割弱という結果が出ている．

　ただし，経営計画の内容まで調査した研究は少なく，経験的には，売上・利益計画を経営計画と称しているのではないかと想定される．もし，売上・利益計画だけが経営計画であるとするならば，市場におけるシェアが小さく，受注先の発注状況に大きく影響されるような下請中小企業にとっては，自社での売上のコントロールが困難であるということから，計画を策定する必要性は低いと考えるのも理解できる．

　したがって，多様な中小企業の経営計画を何らかの軸により整理することで，それぞれの中小企業の実態に合致した経営計画を提案すれば，経営計画を策定しやすくなるのではないかと考えられる．そこで，経営計画の作成ニーズという観点から，成長指向と経営資源需要という２軸を用いて，経営計画の必要性を整理した．さらに，成長指向と経営資源需要は企業の発展段階によって特徴づけられるのではないかと考えられるため，発展段階別に経営計画のモデルを構築することを企図している．

ところで，経営計画とは本来どのようなものなのであろうか．本書が経営計画を研究テーマにした大きな理由は，経営計画の意義や役割を再定義することにより，経営計画を作る経営者の意欲を高めたい，ということがある．そこで，筆者はBarnardの「組織の成立要件」を手がかりとして経営計画の再定義を行った．すなわち，企業の「共通目的」である経営理念を明確にし，「経営理念を実現するために経営計画を策定する」と位置づける．そして「コミュニケーションツール」[2]として経営計画を活用することにより，経営理念の浸透と従業員の「協働意欲」，つまりモチベーションを高めることを提起している．

　経営者が業務多忙な中で，時間や手間のかかる経営計画をあえてつくろうと決断するためには，経営計画を策定し実行していくことの効果を理解してもらう必要があると考える．世の中に多く出回っている「経営計画のつくり方」に関する書籍は，どれも経験豊富な経営コンサルタントや公認会計士・税理士といった専門家，あるいは金融機関で企業支援を専門に担当してきたベテラン金融マン等が執筆しており，わかりやすく書かれているものが多い．

　しかし，これだけ多くの書籍が出版されている[3]ということは，内容が多様ではあるが必ずしも中小企業経営者のニーズを満たしていない可能性が考えられる．その理由としてひとつには，内容が大企業向けであり中小企業にとっては経営資源からみてそもそも作成不可能なレベルであること，もう1つは，経営計画は策定するのが当り前という前提で執筆されているため，なぜ，経営計画を策定する必要があるのか，策定することによってどのようなメリットがあるのかということが説得的に説かれていないからではないかと考えられる．

　そこで，経営者に経営計画を策定するメリットを理論的に納得してもらえるような枠組みを提示することを企図している．ここで，手がかりとなるのが，「情報の経済学」である．前述のとおり，本書の出発点は，中小企業金融を円滑にするためには情報の非対称性を緩和する必要があるという学会の定説に対して，実務的な対応方法は「経営計画の活用」であると考えた．したがって，経営計画がどのように情報の非対称性緩和に寄与するのかということを明らかにすれば，たとえば，資金調達に苦労している経営者であれば，経営計画を策定する必要性と効果が理解できるのではないか．さらに，経営者から自分の考えを従業員になかなか理解してもらえない，思うように動いてくれないという悩

みをしばしば聞く中で，対金融機関だけではなく，社内向けにも経営計画を策定する意義が情報の非対称性緩和という視点から説明可能ではないかと考えている．

　本書では，以上の点を明らかにすることによって，多くの中小企業が経営計画の運用を通じて経営理念を実現することによりさらなる成長を遂げること，そこで働く従業員にとっても成長を実感し，その企業で働く意義や喜びを感じてもらえるような企業を増やしていくことを目的として考察を進めていく．

3　経営計画の位置づけ

（1）　先行研究の到達点

　経営計画に関する日本におけるこれまでの研究は，戦略論や組織論といった経営学の分野で「戦略計画」として議論が行われていた．しかしながら，Minzberg［1994］により，戦略と計画を分けて考えることの必要性が明らかにされると，経営学の分野での経営計画の研究は注目されなくなってしまった．福嶋ほか［2013］によれば，1990年代以降，日本における経営学研究では戦略計画に関する研究はほとんどみられなくなってしまったとされる．

　一方，管理会計の分野では，マネジメント・コントロール・システム（以下MCSと略す）との関連で戦略計画が論じられている．Anthony and Govindarajan［2007］は，戦略計画とは，「今後の数年間にわたって，組織が着手するプログラムや，それぞれのプログラムに割り当てる資源の概略を決定するプログラムである」と説明している．日本では，伊丹［1986］がMCSの具体的な事例として「経営計画制度」をあげており，明示的にMCSの1つとして経営計画を位置づけている．

　経営計画の実態に関する研究は，河野［1986］以降ほとんど行われてこなかった．河野の研究は，大企業を対象とした調査に基づくものであり，中小企業を対象としたものとしては，調査対象は製造業のみではあるものの中小企業診断協会［1993］がまとまった規模の調査となっている．最近では，小椋［2014］が820社を対象とする調査を行っており，経営理念と経営計画に着目した研究を発表している．

近年，管理会計の分野では中期経営計画と業績との関係に着目した研究が行われるようになってきた．その中で，福嶋ほか［2013］は，大学で使用されている管理会計分野の複数の教科書における経営計画に関する所説をレビューしたうえで，東京証券取引所第1部上場の企業に対するアンケート調査を行い，経営計画の策定目的や策定プロセスと業績との関係を分析しており，外部報告目的で作成した経営計画は業績に対して負の影響を与えるといった興味深い結論を導き出している．

　実務面では，前述のとおり経営計画のつくり方に関する書籍は数多く，毎年のように出版されている．しかし，中小企業向けと表示されていても内容をみると大企業向けと変わらない内容のものが多く，必ずしも中小企業経営者のニーズに合っていないように考えられる．また，中小企業の経営計画に関する実態調査は，業種やエリアなどを限定したものが多く，策定目的や策定プロセス，差異分析や経営計画策定の効果等を分析したものはほとんどみられない．

（2）先行研究の課題

　前項のとおり，中小企業の経営計画に関する研究はそれほど多くない．特に，中小企業における経営計画と経営理念との関係に関しては中小企業診断協会［1993］と小椋［2014］がある程度である．学術研究においては，経営理念と経営計画を結びつけることはないようである．しかし，経営計画を策定する意義を検討する場合，経営理念との関係を明確にすることが重要と筆者は考える．その意味で，従来とは違った視点の研究と考えられる．

　次に，経営理念の浸透に関する議論では，北居［1999］が経営理念の「作者」と「読者」の視点を提示しているが，筆者はこれを経営計画に適用することを企図している．つまり，経営者を経営計画の「作者」とした場合に誰が「読者」となるのかということである．読者が誰なのかによって，経営計画の内容は違ってくると考えられるが，現時点はこのような視点での研究はみられない．

　また，先述のとおり，経営計画と情報の非対称性緩和との関係を論じていない．経営計画が社内的には情報共有につながるという指摘はこれまでにもされているが，それを情報の非対称性緩和と結びつけて論じている研究は見当たらないのである．

最後に，中小企業の発展段階と経営計画の関係についてである．これまで，企業の発展段階に関する研究は，Greiner［1972］の組織成長モデルをはじめ，Timmons［1994］のベンチャー企業の成長モデルなどいくつかある．しかし，発展段階と経営計画の関係を論じた研究はこれまで行われてこなかった．この点も本書の特徴である．

4　研究方法と本書の構成

（1）　研究方法

前述の課題について，本書では理論研究と実態調査による考察を行っている．理論研究は，3点を中心に考察している．第1に，経営計画と経営理念の定義を踏まえたうえでの両者の関係，つまり経営計画における経営理念の位置づけについてである．第2に，経営計画と情報の非対称性について，中小企業金融においてしばしば取り上げられる金融機関に対する情報の非対称性を「対外的な情報の非対称性」と定義し，従業員に対する情報の非対称性を「対内的な情報の非対称性」と定義している．そして，経営計画を情報の非対称性緩和のためのツールととらえることを提唱している．第3に，中小企業の発展段階と経営計画との関係についてである．中小企業の発展段階を創業期，成長期，成熟期，第二創業期，そして衰退期に区分し，それぞれの段階における経営者の特性や戦略，MCSの特徴等を整理することで，発展段階によって経営計画の内容が異なる可能性を指摘している．

実態調査については，アンケート調査とアンケート調査実施企業のうちから4社を選びインタビュー調査を行っている．アンケート調査は，2005年から2007年の3年間に「経営革新計画」の認定を受けた企業を対象にした．この3年間に認定を受けた愛知県内の企業514社に対して調査票を郵送し，92社から回答を得ている．アンケートの内容は，企業属性に加え，経営計画策定の有無や経営計画の内容，経営理念，経営計画策定プロセス等17項目の質問に対して回答をしてもらう．

続いて，インタビュー調査は，成長期，成熟期，第二創業期を選択した企業のうち，各段階の企業から計4人の経営者に対してインタビューを行う．イン

タビューの内容は，経営計画策定の目的，経営理念の位置づけ，計画策定プロセス，経営計画の内容と評価，経営計画の開示と実行に関する課題等である．

　以上の理論研究，実態調査を踏まえて，最終的に中小企業における発展段階別の経営計画モデルを構築することを目的としている．

（2）　本書の構成および各章の概要

　本書の構成は，図1のとおりである．

　本書は，3つの部分から構成されている．第1章から第3章が理論編であり，第4章と第5章がアンケート調査とインタビュー調査に基づく実態調査である．そして，第6章で理論研究と実態調査を踏まえて経営計画のモデル構築と情報の非対称性緩和に対する効果を整理することにより研究成果をまとめている．各章の概要は以下のとおりである．

　第1章では，約7割が赤字で企業数，従業員数ともに減少傾向にある中小企業の現状を概観する．そのような厳しい経営環境にある中小企業が生き残っていくためには，経営の原点である経営理念が重要との認識から，経営理念の機能と浸透方法に関する先行研究を検討し，中小企業における経営理念の役割を確認する．次に，経営理念実現のための手段として経営計画に着目し，経営計画の定義や体系に関する先行研究を検討し，中小企業における経営計画の役割

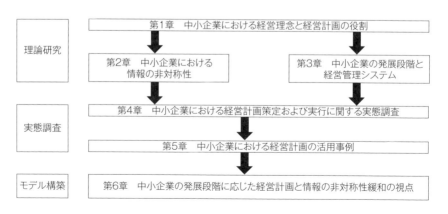

図1　本書の構成

を確認する．さらに，経営理念実現のために経営計画を位置付けることを論じる．

　第2章では，情報の経済学の観点から経営計画をとらえる．まず，情報の経済学に関する先行研究を検討し，中小企業研究において注目されている中小企業金融における情報の非対称性の観点から対金融機関を中心とする「対外的な情報の非対称性」を定義する．そして，これまでほとんど研究がない対従業員の視点からの情報の非対称性を「対内的な情報の非対称性」とし，経営にかかわる情報を対称情報と非対称情報に整理する．さらに，情報の非対称性を緩和するための手段として経営計画の策定および実行の意義を「シグナリング」の観点から提起する．

　第3章では，中小企業の発展段階に応じて経営計画の内容が変化するとの観点から考察している．企業の発展段階に関する先行研究を検討したうえで，発展段階に応じて経営管理システムが異なることを明らかにし，経営理念実現のための経営計画の内容が中小企業の発展段階に応じて変化することを論証する．

　第4章では，2014年4月および2016年4月に実施したアンケートに基づき中小企業における経営計画策定および実行に関する実態調査の結果を分析している．前述のとおり愛知県内の中小企業経営革新計画承認企業514社を対象に郵送質問票調査を行い，回収は92社（17.9％）である．発展段階別に計画策定の有無，経営理念の実態，経営計画の期間と内容，策定組織，計画開示の実態，計画目標との差異分析，策定・実行の効果について分析を行い，結果として4つの知見を明らかにしている．

　第5章では，アンケートに回答いただいた企業の中から，成長期・成熟期・第二創業期に属する企業を各1社選定し，インタビュー調査を行うことで中小企業における経営計画の策定および実行の実態について考察を行う．また，特に経営計画を活用した経営を長年続けている中堅企業の経営者に対するインタビューを含めて第4章で提示している4つの知見が確認できるかどうかについて検討する．

　第6章では，本書の集大成として経営計画のモデルを発展段階別に提示している．また，情報の非対称性緩和の視点から経営計画の策定および実行がどのような効果を生むか考察している．その結果，中小企業の発展段階別に経営計画の特徴が異なること，そして，中小企業においても情報の非対称性緩和の

観点から，経営理念に基づく経営計画は対外的にも対内的にも有効であること
を明らかにする．

　終章では，本書の成果と残された課題を提示する．

注
1）渡辺・中山編著［1986：2-3］，頼［2004：188］，川上［2013：342］など．
2）意思や情報を伝達するための道具を意味する．
3）Amazonのウェブサイトで「経営計画　作り方」で検索すると137件ヒットする．
　　2015.5.31.確認．

第1章 中小企業における経営理念と経営計画の役割

はじめに

　2018年版の中小企業白書によれば，日本には2014年現在381万者の中小企業が存在し，その従業者数も3361万人を数える．企業数は99.7％，従業者数でも7割を中小企業が占めており，日本の経済にとって重要な存在であることは明白である．

　一方，一口に中小企業といっても家族経営の生業ともいうべき個人企業から従業員300人以上の法人企業まで存在するように，その規模は多様である．また，その経営管理レベルは大企業に匹敵するような高度な管理水準の企業もあれば，まったく管理されていない，成り行き任せの企業もあるのが現状である．

　本書は中小企業の経営計画をテーマとするが，このような中小企業の多様性にかんがみ，対象となる中小企業を概ね従業員20〜300人の法人企業と想定している．これは，「中小企業における管理対象を持つ企業は，従業員30人以上規模の企業」という指摘［渡辺・中山 1986：5］や，心理学で1人の管理者が管理できる人数は7〜10人といわれていることを考慮すると，社長以外の中間管理職が存在し経営管理手法が必要となる規模は従業員20人程度以上と考えられるからである．従業員20人の中小企業と300人のそれとでは，同じ中小企業に該当するとしても，おのずと経営管理手法は異なると考えられる．本書では，従業員規模ではなく発展段階（ライフサイクル）に焦点を当てて中小企業の特徴を捉える．

　研究対象となる中小企業は，必ずしもカリスマ的な経営者が，卓越した経営手腕と行動力によりリーダーシップを発揮している企業ばかりではない．むし

ろ，ごく普通のどこにでもいるような経営者が，悩み，苦しみ，もがきながらなんとか生き残りを図ろうとしている，そのような中小企業の経営者に寄与する内容にしたいと考えている．

　本章では，まず約7割が赤字で企業数，従業者数とも減少傾向にある中小企業の現状を概観する．そして厳しい経営環境の中で中小企業が生き残っていくためには，その原点といえる経営理念が重要との認識から，経営理念の機能と浸透方法を中心に先行研究をまとめ，中小企業における経営理念の役割を確認する．次に，経営理念実現のための手段として経営計画に着目し，経営計画の機能や開示につき先行研究をまとめ，中小企業における経営計画の役割を確認する．そして最後に，経営理念実現のために経営計画を位置づける点につき先行研究を踏まえてその必要性や具体化のプロセスについて説明する

1　中小企業の現状と課題

（1）　中小企業の定義

　日本において中小企業は，一般的には中小企業基本法における中小企業の定義が妥当である．この定義は中小企業基本法第2条に定められており，中小企業政策における基本的な政策の対象範囲を定めた「原則」であるが，法律や制度によって「中小企業」の範囲が異なることもある．**表1-1**のとおり，業種による分類と資本金または従業員による基準が定められており，例えば，製造業では資本金が3億円以下であれば，従業員数は300人を超えていても「中小

表1-1　中小企業の定義

業種分類	中小企業基本法の定義
製造業その他	資本金の額または出資の総額が3億円以下の会社または常時使用する従業員の数が300人以下の会社および個人
卸売業	資本金の額または出資の総額が1億円以下の会社または常時使用する従業員の数が100人以下の会社および個人
小売業	資本金の額または出資の総額が5千万円以下の会社または常時使用する従業員の数が50人以下の会社および個人
サービス業	資本金の額または出資の総額が5千万円以下の会社または常時使用する従業員の数が100人以下の会社および個人

出典：中小企業庁ホームページ（http://www.chusho.meti.go.jp/soshiki/teigi.html 2014.11.2.確認）．

企業」と区分されることになる．したがって，一口に中小企業といってもその規模には大きな差があるといえる．なお，前述のとおり本書における中小企業は業種を問わず，従業員数20～300人の法人企業を想定している．

（2） 中小企業の現状

企業の大勢を占める中小企業の現状を企業数および従業者数の推移と損益の状況を中心に概観する．まず，企業者数について中小企業庁のデータによれば，**表1-2**のとおりである．

日本における2014年の中小企業者数は，2009年に比べて39万者減の381万者[1]と大幅に減少している．2014年版中小企業白書によれば，事業者数は2009年に統計手法が変更されたため，単純には比較できないが，その点も加味して修正

表1-2 日本における中小企業者数

	2009年	2014年	増減数（率）
中小企業者（全産業）	420万者 (99.7%)	381万者 (99.7%)	▲39万者 (▲9.3%)
全規模 （大企業と中小企業者の合計：全産業）	421万者	382万者	▲39万者 (▲9.3%)

出典：中小企業庁ニュースリリース　2013年12月26日付，2015年1月29日付（一部修正）．

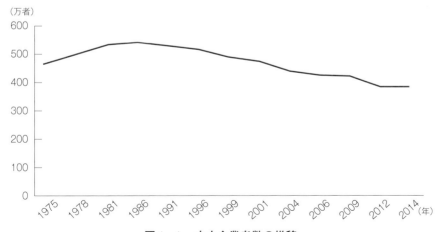

図1-1　中小企業者数の推移

出典：中小企業庁［2014；2017］をもとに筆者作成．

して算定したところ，**図1-1**のとおり1986年以降一貫して減少している．特に2009年から2012年にかけては，2011年に発生した東日本大震災の影響もあり，年平均3.3％企業数が減少している．今後は，経営者の高齢化や人口の減少による需要の減少によりますます企業数が減ることも想定される．仮に，2009年から2012年の間の減少率である年平均3.3％ずつ企業数が減っていった場合，20年後には中小企業の数は現在の約半分となると指摘されている［中小企業庁2014：126-130］．

次に，従業者数の統計をみてみよう．中小企業庁の中小企業実態基本調査によれば，従業者数は**図1-2**のとおりである．2009年度のリーマン・ショックによる深刻な不況により従業者数は急減したのち，一時的に回復した．その後は減少傾向にある．2010年度と比較し2016年度の従業者数は367万人減少している．2015年まで減少していた従業者数が2016年に増加に転じた要因が，景気回復による一時的なものなのか，別の要因なのか現時点では判断しかねる．しかし，企業数の減少は雇用の場の減少を招くことが懸念される．

このような，中小企業者数の減少は，開業する企業に比べて廃業ないし倒産する企業が多いことが要因である．その理由としては，基本的には経営難のために事業を継続することが困難になっていることが考えられる．その点について，国税庁の調査による赤字法人企業の割合の推移を示すと**図1-3**のとおり

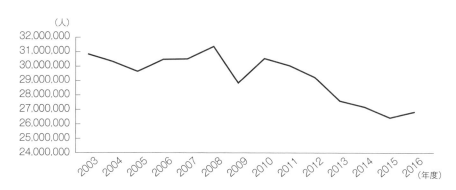

図1-2　中小企業の従業者数推移

出典：中小企業庁　中小企業実態基本調査各年度公表数値をもとに筆者作成．

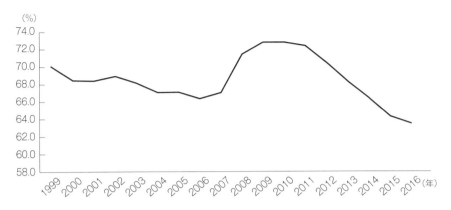

図1-3 赤字法人割合の推移
出典：国税庁　平成22年度版～平成28年度版会社標本調査をもとに筆者作成．

である．

　国税庁の調査によれば，2016年の申告法人数266万社に対して，欠損（赤字）企業は169万社であり全体の63.5％を占めている．2007年度までは7割を下回る水準で推移したが，リーマン・ショックを契機に2008年度以降7割を超えている．2013年度以降赤字法人は減少しつつある．資本金規模別に見ると，資本金1000万円未満の企業は約7割が赤字，1000万円超1億円以下の企業は5割強，1億円超の企業は3割弱が赤字となっており，資本金が小さいほど赤字企業が多い傾向にある．

　いずれにしても，一時的な赤字であればまだしも，経常的に赤字が続く企業が事業継続できるはずはない．しかし，6割以上の企業が常に赤字という状況をどのように考えるべきなのだろうか．

（3）　中小企業の抱える課題

　経済のグローバル化が進む中で，中小企業，特にものづくりに絡む業界では，海外進出をしなければもはや生き残ることは難しいという指摘がある．しかし，ヒト・モノ・カネ・情報といった経営資源が絶対的に不足している多くの中小企業にとって海外進出は容易ではない．また，建設業，運送業，小売，サービス業など地域に密着したローカルな企業においては，海外展開という選択肢そ

のものがないといえよう.

　そうした企業であっても，生き残っていくためには，まず，利益を上げられる企業になることが重要である．利益を上げられない企業は，そもそも生き残ることは不可能である．経営者は常に経営理念や経営計画に基づく経営管理について以下の諸問題を検討することが重要である．

　　・自社の経営を通じて世の中にどのような貢献をしたか？
　　・貢献するために，どのような価値を提供していくか？
　　・そのような価値を生み出すためには，どのような経営資源が必要であるか？
　　・そのような経営資源を獲得するために，何に取り組むべきか？

　こうした質問に即座に答えられるなら，おそらく経営する企業はすでに立派に成長していることであろう.

　Barnard [1938] によれば，組織の成立要件は，① 共通目的，② 協働意欲，③ コミュニケーションであり，これらは必要十分条件だとされる．つまり，自社の存在意義や目指す姿（＝経営理念であり，共通目的でもある）を明確にし，ともにその実現を目指す従業員を動機付け（協働意欲を喚起），能力を発揮させる．そして，そのためにはコミュニケーションに留意し，風通しの良い企業風土を醸成することが重要なのである.

2　中小企業における経営理念の役割と浸透方法

（1）　経営理念の今日的意義

　大企業と中小企業の違いはどこにあるのか．換言すれば，大企業に成長する企業と中小企業のままである企業ではなぜそのような違いが生まれるのか．日本における著名な企業，たとえば，トヨタ自動車，パナソニックといった第二次世界大戦前の設立企業のみならず，ソニー，本田技研工業，京セラ，ファーストリテイリング，ソフトバンク，楽天など，戦後設立された多くの大企業がもともとは中小企業からスタートしている．もっとも，ただ大きければよいということはなく，中小企業で知名度はなくても立派な経営者が素晴らしい経営

を行い，好業績を上げ続けている企業は少なくない．

つまり，規模の拡大は時代背景や業界特性など外部要因に左右される面がある．しかし，1人の企業家が従業員を集め，資金提供者をはじめとするさまざまな利害関係者の支援を受けながら企業の成長を図るとき，そこには，単なる経済的な動機にとどまらない，ひとびとの共感を呼び，その存在が社会的に正当化されるメッセージを掲げているものと考えられる．それが，一般的に経営理念と呼ばれるものであり，近年学術的にも改めてその存在に関心が高まっている．

なぜ，経営理念が注目されているのか．三井によれば，近年の相次ぐ企業不祥事を受けて企業倫理や社会的責任論が国内外で大きく注目されるようになったことから，個別企業の経営者の信条や経営の指導原理を示す「企業理念」や「経営理念」の重要性が改めて見直されるようになった［三井2012:228］．しかし，日常的に用いられる経営理念という言葉だが，その実態については必ずしも明らかではない．企業によっては，社是，社訓，経営方針，経営の信条，経営の基本理念等々，呼び方も一様ではない．本節では，これまでの経営理念研究を整理したうえで，中小企業における経営理念の役割に焦点を当てて考えてみたい．

（2）　経営理念に関する先行研究

経営理念の定義

まず，経営理念の定義については，これまで多くの研究者によって様々な議論がされてきたが，**表1-3**のとおり一定の定義はないとされている．それぞれの定義を整理すると，主体が経営者であるか，組織であるかという大きく2つに分けられよう．また，明文化されているかどうかや公表の有無がポイントになると考えられる．

本書における経営理念の定義は，「経営者の信条や信念に基づいて明文化された企業（組織）の指導原理であり，その存在目的や価値観，基本指針を含む概念」とする．これは，経営理念があくまで経営者の「思い」を出発点としながら，それを組織の論理として展開し従業員との共有を図ることが重要と考えるからであり，次章で取り上げる「情報の非対称性」を緩和する意味でも「明

表 1-3　先行研究による経営理念の定義

研究者名	経営理念の定義
土屋 [2002]	「経済人」の精神たる「資本主義精神」に対する対立理念，もしくは「資本主義精神」の崩壊の上に経営者の間に普及し支配しつつある「理念」
山城 [1969]	経営主体の目的達成のための活動指針，目的活動のよりどころとなる考え方
北野 [1972]	企業が行動主体として一貫した行動をとり，そのときどきの偶発事故によってゆさぶられないため，企業が現在どこに位置しており，これからどこにむかってすすもうとしているかについての企業の生活空間ともいうべき構想
中川 [1972]	経営者自身によって公表された企業経営の目的およびその指導原理
間 [1972]	明文化された組織の基本方針，あるいは経営イデオロギー
高田 [1978]	経営者が企業という組織体を経営するに際して抱く信念，信条，理念であり，＜経営観＞といってよい
浅野 [1991]	経営者・組織体の行動規範・活動指針となる価値観，あるいは指導原理
中村・山下 [1992]	創業者を含む歴代／現在のトップ・マネジメントの経営哲学／世界観を統合・融合した1つの体系
梅澤 [1994]	経営活動に関し企業が抱いている価値観であり，企業が経営活動を推進していくうえでの指導的な原理であり，指針
奥村 [1994]	企業経営について，経営者ないし会社あるいは経済団体が公表した信念

出典：筆者作成.

文化」されていることは必須条件であり，経営理念の浸透にも資する.

　先行研究においては，必ずしも明文化されていない，つまり，暗黙知としての経営理念も認められるという見解がある. しかし，長年中小企業の現場を見てきた立場からすると，言語として明確にされていても従業員にはその存在が認知されていない「形」だけの経営理念が多いのは事実であり，認知されていない経営理念など存在していないのと同等である. 暗黙知としての経営理念が認められるとしても，明文化されていない経営理念を浸透させることができるのかは疑問と言わざるを得ない. ただし，経営理念がなくても業績の良い企業は存在するが，事業承継あるいは第二創業が経営課題になった時に，それを成功裡に乗り切るためには依拠するべき経営理念が必要になると考えられる.

経営理念の機能

　前項のとおり，経営理念には一致した定義はないものの，一定の機能はあるとされている. もっとも，それが明文化されていないからといって，企業が直ちに成立しえなくなるものではない. その点は，明文化が会社法で義務付けられている定款とは異なる. しかし，一般的にはホームページをみると多くの企

表 1 - 4 　経営理念の機能

企業内統合の原理	成員統合機能	・バックボーン機能 ・一体感を醸成する機能
	動機づけ機能	
社会的適応の原理	正当化機能	
	環境変化に対する適合機能	

出典：田中［2006：57］をもとに筆者作成.

業が経営理念を掲載しており，企業を訪問すると，社長室や応接室に経営理念
（社是・社訓の場合もある）が額に飾られていることも多い．そう考えるならば，
経営理念には一定の機能があると考えるのが自然であろう．

　田中［2006］によれば，経営理念の機能は**表 1 - 4**のとおり整理できる．経営
理念の機能には「企業内統合の原理」という企業の内部に対する機能と，「社
会的適応の原理」という企業の外部に対する機能がある．このうち，企業内統
合の原理は，人々が行動をとり判断するときの指針となる「バックボーン機能」
と理念に示された精神や教訓が企業の心として語り継がれ，組織内の人々の統
一的ビジョンの一体感を形成する「一体感を醸成する機能」に分類される「成
員統合機能」と，組織の人々に共通の問題や関心・努力目標を作り出すことに
よりやる気を引き出す「動機づけ機能」を有する．また，社会的適応の原理は，
組織の存在意義を外部に明示し自社の活動の正当性を得ようとする「正当化機
能」と，社会的価値や時代のニーズに適合しながら活性化を図る「環境変化に
対する適合機能」を有している．

経営理念の浸透

　経営理念に関する研究の中で，その浸透に関する研究は比較的新しい分野で
ある．1990年代は理念浸透のメカニズムの探求が中心であったが，2000年代に
入り経営理念の浸透方法，浸透度と企業の業績との関係性探求に移った．そし
て，2006年以降は個々の組織成員に対する理念浸透を定量的に分析した研究が
増加している［柴田 2013：29］．経営理念の浸透方法に関する主な先行研究は**表
1 - 5**のとおりである．

　こうした研究の中で，本書のテーマに近いのは「経営理念の浸透方法」であ
る．つまり，経営理念の浸透策の中に経営計画がどのように活用されているか

表1-5　経営理念の浸透方法に関する先行研究

研究者名	研究の概要
野林・浅川 [2001]	梅澤 [1994] の研究をもとに，5つの経営理念浸透策と経営理念浸透度との関係をアンケート調査により実証分析
北居・田中 [2009]	経営理念の浸透を内面化と定着化の2つに分類整理し，経営理念の浸透が職務満足や組織コミットメントにプラスの影響を与えていることを実証
横川 [2010a]	経営理念浸透手段を整理し，理念浸透の手段と「社会適応」，「経営実践」，「企業内統合」の各機能との関係について実証分析
服部 [2011]	経営理念の浸透が企業の心理的契約不履行にどのような調整作用を及ぼすのか実証分析
高尾・王 [2012]	組織内の個人における経営理念浸透のメカニズムについて実証分析
柴田 [2014]	従業員の実践の場における学習プロセスの繰り返しが経営理念を効果的に浸透させる方法であることを実証

出典：筆者作成.

表1-6　経営理念の浸透方法の設問例

1	社内報に掲載
2	従業員手帳に掲載
3	職場に掲げる
4	朝礼時に唱和
5	新入社員教育時に徹底
6	社員教育で徹底
7	社外PR・広告などに利用
8	特別なことは何もしていない

出典：田中 [2006：73] をもとに筆者作成.

である．

　経営理念の浸透方法に関する先行研究において，さまざまな調査が行われているが，その際の設問項目は，**表1-6**のとおりである．

　なお，柴田 [2014：192] の経営理念浸透のための実施施策の中には，「会社の中期計画，年度計画策定の際に経営理念を盛り込む」という調査項目があり，全体の72.3％が取り組んでいるとの結果が出ている．しかし，それ以外の調査には同様の項目はこれまで記載されていないことから，研究者の関心の中には経営理念と経営計画を結びつけることはなかったものと考えられる．この点については，経営計画における経営理念の位置づけという観点から第5節で改めて取り上げる．

（3）　中小企業における経営理念の役割と浸透方法

中小企業における経営者の役割

　前項では，経営理念について定義や機能および浸透といった観点から先行研究を整理した．本項では，中小企業における経営理念の役割や浸透方法について論じる．その前に，経営理念の「作者」である経営者について，中小企業における役割を明確にしよう．

　経営コンサルタントとして著名な船井総合研究所の船井幸雄氏は，著書の中で「中小企業の99.9％は経営者によって決まる」［船井 2010：88］と述べている．実務で多くの中小企業を見てきた筆者の経験からしても，中小企業における重要な意思決定は，社長または実質的な経営者がすべて行っているといっても過言ではない．

　中小企業庁［2005］によれば，大企業と中小企業の経営者でその役割は大きく異なる．企業規模が小さいときは，従業員の質よりも経営者自身の創造性や行動力が必要であるが，ある程度企業規模が大きくなるとすべてを経営者が行うわけにいかないことから，経営者の指示によって行動する従業員や経営者が任せることができる従業員が必要となると指摘している．このような従業員の能力の変化は，おおむね従業員規模が50名を超えてから現れる．具体的には，経営者が従業員を把握できる割合が，50名以下では9割の経営者が80％以上なのに対し，50名超では急激に低下するのである．こうしたことは，経営者と従業員との意思疎通の方法に変化をもたらす．

　当初は，経営者が創造性を発揮し，自ら行動を起こしつつ成長する企業も，企業規模が50名を境に組織化され始め，経営者は自ら行うよりも従業員に権限移譲するマネジメントに変化する．この過程において，経営者には従業員の意見が間接的にしか入らなくなる一方，従業員にとっては，経営者の考えを直接耳にする機会が失われる傾向がでてくる．

　つまり，経営者が主体的に従業員とのコミュニケーションを図ることが重要となる．従業員全員の前で，たとえば，朝礼等で経営理念に関する話をしたとしても，それがきちんと伝わっているかは1人ひとりに確認しないとわからないが，なかなかそういったことができなくなることを示している．したがって，従業員が自ら経営理念に触れたり，かかわったりするような仕組みや場が必要

であり，その場として経営計画策定に参加させることが有効となるのである．

中小企業における経営者と経営理念

このように，中小企業における経営者の役割は非常に大きい．その経営者がどのような経営理念を掲げて経営を行うかは，従業員にとってその職業生活を左右するものともなる．

中小企業の経営理念に関する先行研究はそれほど多くない．澤邉・澤邉ゼミナール［2008］によれば，明文化された経営理念の有無について，東証一部上場企業が99％であるのに対して，非上場企業では69％である．また，関［2007］は兵庫中小企業家同友会のメンバーを対象とするアンケート調査結果を用いて，経営理念を作成している企業が2006年時点で47％と半数弱にとどまっていることを紹介している．

このように，中小企業における経営理念が必ずしも明文化されていないことは，経営者が経営理念の意義や役割等を認識できていないことが原因とみられる．したがって，経営理念の役割を理解していない中小企業経営者が，その浸透のために努力するとは，例外的な経営者を除けば到底考えられない．しかし，経営の原点である経営理念もなしに十全な経営が行われるとは考えにくいのではないだろうか．

中小企業における経営理念の機能と浸透方法

中小企業における経営理念の機能も，基本的には**表1-5**のとおり，対内的な企業内統合の原理と，対外的な社会的適応の原理の2つと考えてよいであろう．このうち，中小企業においては，対内的な機能の比重が高いものと考えられる．佐藤［2014：20-21］によれば，中小企業における経営理念の機能は二側面から考えられる．1つは，経営者自身が経営戦略や経営計画を探索し，意思決定するときの価値的側面を認識することに機能する点である．もう1つは，経営理念が従業員の日常の行動のベクトルを統合する機能を有している点である．前者は**表1-5**の企業内統合の原理に基づく成員統合機能のうち，「バックボーン機能」と同様であり，後者は，同じく成員統合機能の「一体感を醸成する機能」と同一と考えられる．

なお，横川［2010b］は経営理念の経営実践への寄与，すなわち経営理念に基づいた戦略や組織を構築しなければならないという観点から，企業内統合機能

と社会適応機能に加えて経営実践機能を提唱している．経営理念は，高田[1978：190]のいう「経営目標」，「経営経済」，「経営組織」を統括する機能を果たすとともに，経営活動の実践に結びついていないといけないと考えられるからである，と指摘している．しかし，経営理念自体に経営実践機能があるのではなく，経営理念が経営計画に具体化され実行されることにより機能が生ずると考えられる．この点については次節で改めて検討したい．

中小企業における経営理念の浸透方法に関しては，芝・水谷内 [1988]，横川 [2010c]，柴田 [2014] 等の研究がある．芝・水谷内 [1988] の愛知県・北陸地域の運送業者を対象とした調査では，経営理念の浸透方法として，「朝礼・夕礼の席上」，「各種会議の席上」，「社内への掲示」，「社員との対話の中」，「社員教育・訓練の場」といった方策が挙げられているが，実施はいずれも20％以下の水準にとどまっている．

横川 [2010c] は，全国16業種の未上場企業を対象とするアンケート調査を行った．調査は，製造業と非製造業に分けて行われているが，製造業における社会適応機能と企業内統合機能では，「経営者の企業文化づくりの積極性」が共通して影響力のある浸透方法であった．また，経営実践機能に影響力のある浸透方法は，「理念を体現した人・出来事のエピソード」であった．一方，非製造業では「経営者の企業文化づくりの積極性」が３つの機能に共通して影響力のある浸透方法であったとの結果が示された．

また，前述のとおり柴田 [2014] においては，経営理念の浸透方法として「会社の中期計画，年度計画策定の際に経営理念を織り込む」があげられ，７割以上が取り組んでいるという結果が出ている．調査での26の設問中もっとも多く取り組まれていたのが，「経営者自らが社員に指導・アドバイスする」（89％）であり，次いで「年頭挨拶や経営方針発表会等により，経営者から経営理念にまつわる話をする」と「飲み会やゴルフ等アフター５や休日にコミュニケーションをとる」（79％）であった．

最近の調査では，いずれも経営者自身の取り組みが実際になされていることに影響力があるという結果が出ている．やはり，中小企業においては，経営者の言動がもっとも重要といえるであろう．

（4） 経営理念の浸透における経営計画の役割

　従来の研究においては，必ずしも経営理念と経営計画の役割が明確はでない．本書においては，経営理念の浸透を図るために経営計画を活用する，つまり，経営計画は経営理念の浸透とその実現のためにあると位置付ける．

　Barnard［1967］によれば，組織とは「2人以上の人々の意識的に調整された活動や諸力のシステム」であり，企業を含めた組織が成立するためには，① 共通目的，② 協働意欲（貢献意欲），③ コミュニケーションの3つの要素が必要とされる．

　ここで，共通目的に当たるのが経営者の経営に対する熱い思いであり，それを明文化したものが経営理念である．それを従業員に共有させることにより，協働意欲が生まれる．また，経営理念を効率的かつ効果的に共有させ，協働意欲を高めるうえでコミュニケーションが重要となるのである．共通目的は，経営目標と表現することもできる．経営者と従業員の間で「目標の共有」を図る．そして，従業員にその達成へ向けて動機づける．これには，従業員に「会社全体に対して貢献している」ことを実感させるような仕組みの構築が肝要である．

　経営目標やその達成度合いの把握のためには各種会計情報が必要になる．したがって，中小企業においても財務会計は当然のこととして，管理会計に関する最低限の制度が求められるといえよう．つまり，種々の経営活動を総合的に金額情報として表現する会計情報は，経営者の「熱い思い」を経営理念として表し，それを具体的に「会社の将来像」に転写し，さらにそれを具体的な数値（計画）に表すうえで必要不可欠なのである．

　経営計画は，経営理念を経営ビジョンとして具体化し，最終的に数値に落とし込むことによって経営理念の浸透を図ることができる．また，経営計画は目標の達成度合いを会計情報に基づき明確化することで，協働意欲の向上に寄与するコミュニケーションツールとしての役割を果たすと考えられる．

3　中小企業における経営計画の役割

（1）　経営計画の今日的意義

前節で経営理念の機能や浸透方法について先行研究を踏まえて整理した．そ

の中で，中小企業においては，経営理念の作者であり，体現者でもある経営者の役割が非常に重要であることが明らかになった．ある意味，それは自明のことでもあろう．しかしながら，問題なのは「わかっていることと実際にできることとは違う」ということである．多くの経営者は，自社の経営理念をきちんと従業員に語り，理念と整合性のある行動をとって率先垂範する姿を見せたいと考えているであろうし，実際に取り組んでいる人もいる．しかし，その思いや姿が，従業員に伝わり，理解され，従業員自身の行動に反映されるまでには，相当の困難があるものと想定される．なぜなら，経営者といえども従業員にとっては他人であり，その行動を見せることで従業員自らの行動を変えさせることは容易ではないと考えられるからである．つまり，受け身ではなく，能動的に経営理念に触れたり，考えたりする場を多く作り，そこに従業員を巻き込むことがより深い理念の理解につながる．経営計画策定の場が経営理念を浸透させるコミュニケーションの場となるのではないかと考えた．

そこで本節では，経営計画に関する先行研究を整理したうえで，中小企業における経営計画の必要性や役割について考えてみることにする．

（２） 経営計画に関する先行研究

経営計画の定義

経営計画はこれまでどのように論じられてきたのか．かつて経営計画はおもに戦略論といった経営学分野で「戦略計画」として盛んに議論が行われてきた（たとえば，Ansoff［1965］，Steiner［1969］，占部［1979］，河野［1980］など）．しかし，Mintzberg［1994］により，戦略形成と計画作成を分けて考えることの必要性が指摘された1990年代以降は，経営学における戦略計画の関心が徐々に低下した［福嶋他 2013］．

近年，日本において管理会計分野の研究者による経営計画に関する実証研究が増加している（たとえば，梶原・新井・福嶋・米満［2011a；2011b］，福嶋・米満・新井・梶原［2013］，中條［2011；2012］，林［2014］，澤邉・飛田［2009a］，飛田［2011；2012a；2012b；2014］）．実証研究の先駆けとしては，河野豊弘教授による3回の実態調査がある．1979年，1982年，1985年の実態調査を基に，長期経営計画のたて方，その体系と類型，立案の過程，立案の組織，環境分析，自社分析，長期計画の

目標，実行と実行計画，変化と問題点など興味深い考察が行われている［河野
編 1986］．

　最近では，梶原・新井・福嶋・米満［2011a；2011b］が河野［1986］の調査項
目の枠組みに準じて質問票を設計し，108社からの回答に基づき実態を分析し
ている．その結果，回答企業の98％が経営計画を策定し，79％が向こう３年を
対象に策定していること，過去25年間に経営計画の内容は業務的なものから戦
略的なものへ変化していることなどを明らかにした．また，策定の目的は「内
部管理目的」と「外部報告目的」があり，外部報告目的の傾向が強い場合や策
定プロセスに部門間調整の傾向が強いほどROA（総資産利益率）が低くなると分
析している．

　ところで，経営理念においてその定義が研究者によって統一していないのと
同様に，経営計画についてもそれが具体的に何を指すかは一様ではない．**表
１-７**の主な先行研究をみても論者によりさまざまに定義されていることがわ

表１-７　経営計画の定義

研究者名	経営計画の定義
占部［1960］	企業の成長を妨げる要因，すなわち企業の長期収益性に対して戦略的価値を持つ要因を選び出して，これをコントロールするための経営活動が，長期経営計画．
Anthony［1965］	戦略的計画とは，組織の目的，これらの目的の変更，これらの目標達成のために用いられる諸資源，およびこれらの資源の取得・使用・処分に際して準拠すべき方針を決定するプロセスである．
Steiner［1978］	戦略経営計画とは，組織の目標を決定すること，そのために製品市場戦略を決定すること．
後藤［1979］	経営計画は，経営目的達成のために，時間的要素を取り入れて将来への適応行動を組織化したもの．
河野［1980］	戦略計画は基本目標を明確にし，それを通じて企業と環境との関係を決定し，その望ましい関係を達成するために資源配分をすること．
伊丹敬之［1986］	経営計画は，戦略的経営計画（戦略計画）と業務経営計画（業務計画）の２つに大別して考えるのが一般的．戦略的経営計画は，少なくとも概念的には長期計画と呼ばれるもので，計画の対象とする分野の長期的な基本計画をさす．
中小企業診断協会［1993］	経営計画は，企業がめざす将来の方向性を一定の企業内手続きを経て具体的に「策定」し，その達成のため努力し，実行の成果を継続的に把握して対策をとる「機能」．
Cook［1999］	戦略計画とは，経営者が企業を今後どのようにしたいのかについて書かれた文書であり，企業の将来的なポジションと価値に関するビジョンを表したもの．

出典：筆者作成．

かる．たとえば期間による種類がある．長期計画，中期計画および短期計画という区分である．一般的には，長期が5年超，中期が3～5年，短期は1年以下とされるが特に決まりはない．また，戦略（的）計画や戦略経営計画という呼び方もある．本項は経営計画の定義を論じることが目的ではないので，あまり深くは検討しないが，河野［1980］を踏まえて本書では経営計画を以下のように定義する．

経営計画とは，「企業の基本目標である経営理念を明確にし，それを通じて企業と環境との関係を決定し，その望ましい関係を達成するために資源の獲得・配分をするプロセス」である．期間的には，3～5年程度の中期経営計画とその1年目である短期経営計画を統合したものとなる．

経営計画の体系

経営計画について前項のとおり一応定義したうえで，具体的な経営計画の内容についてみていくことにする．まず，その体系についてである．河野［1980］によれば，経営計画の体系を示すと**図1-4**のとおりとなる．

河野［1980］によれば経営計画は，目的―手段の体系，という構成を持っている．このうち，長期計画のような総合計画は，

> 目標―製品市場戦略―能力の計画（または資源投入）―活動計画と利益計画

という体系を持っている，とされる．

河野は，長期戦略と中期計画を合わせたものを長期計画としているが，筆者は，長期戦略と中期計画をあえて分ける必要はなく，計画の前提である環境分析，さらに経営理念までを含めて経営計画ととらえることにしたい．この点については第5節で改めて言及する．

経営計画の実行

経営計画に関して，最近の管理会計の教科書では以下のように取り上げられている．福嶋ほか［2013：6-7］によれば，2008年以降に出版された主な管理会計の教科書をレビューした結果，次のように整理している．

まず，経営計画を策定する目的は，「戦略を実現するための最適な資源配分を計画し，その計画作成という活動を通じて組織成員に戦略の実行を促す影響を与える」といったMCS（マネジメント・コントロール・システム）としての役割

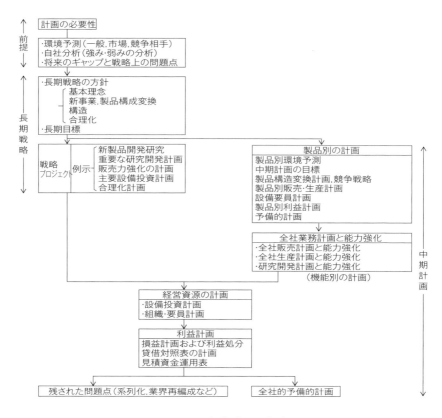

図1-4 経営計画の体系

出典:河野［1980：23］をもとに筆者作成.

が説明されていた.また,一部の教科書には投資家をはじめとした外部ステークホルダーとのコミュニケーションに経営計画が重要な役割を果たしていると述べているものもあった.

策定プロセスについては,「トップダウン」をあげているものや「ボトムアップ」をあげているもの,さらに両者の「折衷型」による方法に言及しているものもみられる.このように,策定プロセスについては多様な見解があることがわかる.

経営計画の更新方法については,最終年度を毎年1年ずつ追加しながら絶え

ず一定期間の計画を保持する計画についての言及が多い．これは，一般的に「ローリング方式」と呼ばれるものである．当初作成した経営計画を一切見直さない「固定方式」を取り上げている教科書もみられる．

経営計画を策定しても実際にそれを実行しなければ成果につながらないことは論を俟たないが，具体的にどのように実行するのかという点に関しては，これまであまり論じられていないようである．また，経営理念の浸透との関連には触れられていない．本書では，中小企業の経営者への貢献という観点から，経営計画の実行という論点についても分析していきたい．

（3）　中小企業における経営計画の役割

中小企業における経営者と経営計画

前節でも大企業と中小企業における経営者の役割の違いに言及したが，改めてこの点につき考えてみたい．大企業において経営計画を策定するのは，おそらく経営者ではない．経営企画部門が取りまとめ役となり各事業部門を巻き込んで作成するケースが多いであろう．ちなみに，河野編［1986：104］は大企業を対象にした調査であるが，高業績企業と低業績企業の経営計画について比較すると，高業績企業は企画室，事業部またはライン部門，スタッフ部門がよく協力しているのに対して，低業績企業は，企画室が集中的にたてる度合いが高く，他の部門の参加が少ないと指摘されている．いずれにしても，専門的なスタッフが策定の中心となっているのである．

一方，中小企業はどうであろうか．再々指摘しているとおり，中小企業といっても多様であり，なかには大企業並みの経営管理体制でスタッフもそろっている企業もある．しかし，従業員20人～100人程度の中小企業において経営企画部門のような専門スタッフがいるケースはこれまでの筆者の見聞からはほとんどない[3]．おそらく，経理部や総務部といった管理部門の部門長が本業のかたわら経営者の意向を受けて策定に取り組むか，多くは経営者自身が主体的に取り組むケースが多いと考えられる．そうでなくても，何かと多忙な中小企業の経営者が策定に時間がかかる経営計画を策定するためには，経営計画を策定することへの誘因（インセンティブ）が必要であるし，経営者を動機付ける必要があるだろう．

中小企業における経営計画の必要性

　前項で，経営計画の策定にあたって大企業と中小企業は経営者の役割が違うという点を指摘した．中小企業は，大企業に比べて経営者の資質・経営能力に業績が左右される比重が高いということがポイントであろう．

　したがって，経営者がどのような企業を目指し経営を行おうとしているのか．つまり，**図1-5**のとおり，経営者がどのような経営理念に基づいて，どのように経営しようとしているのかが「見える化[4)]」されていることが重要である．

　経営計画の枠組みであるが，まず，経営の原点であり経営者の目指す理想の姿としての経営理念があり，それを中期的に具体化したものがビジョンである．ビジョンは，経営目標として数値的に明確化され，その実現のために経営方針を定める．経営方針をさらに具体化したものが経営戦略であり，それを行動レベルに示したものが戦術である．経営計画を最終的に数値に落とし込んだものが利益計画となる．

　経営計画は，こうした経営者の暗黙知[5)]を「見える化」する手段であり，きちんと理解してもらうためにはわかりやすさが求められる．そのため，「簡潔性」，「一貫性」，「ストーリー性」といったキーワードで示されるような内容の経営計画が求められるのである．経営計画を従業員等の利害関係者に示すことで，共感・共鳴を得るだけでなく，それが従業員のモチベーションアップにつなが

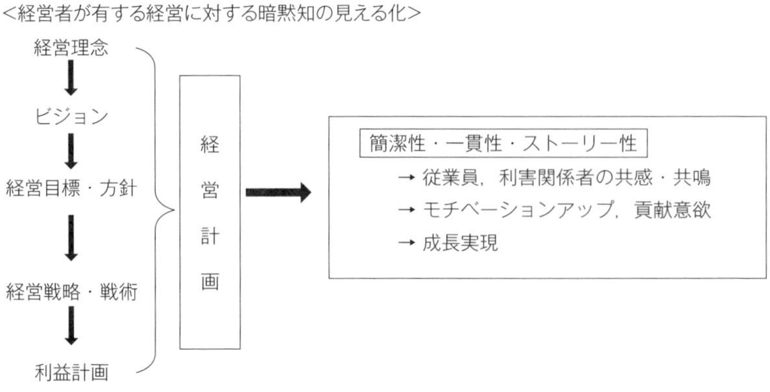

図1-5　中小企業における経営計画の必要性

出典：筆者作成.

り，組織に対する貢献意欲醸成にも寄与するものでなければならない．さらに，経営計画を実行していくことで会社の将来だけではなく，従業員自らの成長も実感できることが重要である．

ここで，経営計画の必要性について，実務に即して踏み込んでみたい．

中小企業が経営計画を作らざるをえないケースを考える．おそらく，もっとも多いのが，金融機関から資金を調達する際に提出を求められることだろう．それ以外には，新製品開発や新分野進出等に関する中小企業支援施策で助成金や税制優遇，保証協会の別枠保証等の支援を受ける際に行政機関から求められることもある．

外部からの要請に加え，たとえば，経営者が変わったり，新事業に取り組んだりするといった企業変革の際に，従業員からの協力を得るために内部的に必要となるケースもあるであろう．

こうしたケースをまとめると図1-6のように整理できよう．つまり，「成長指向」と「経営資源需要」の2軸で整理するものである．

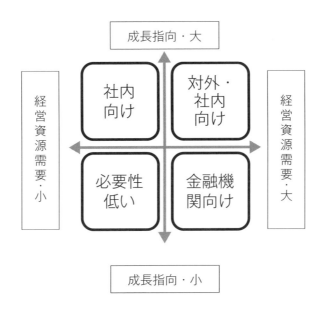

図1-6　経営計画が必要となるケース

出典：筆者作成．

ケース1：成長指向大・経営資源需要大

このケースでは，成長指向が大きく，新製品開発や新事業に積極的に取り組むために，従業員のモチベーションを高めたり，新たな人材を採用したり，さらには設備投資のために金融機関からの資金調達が必要になったりすることを想定している．したがって，対外的にも社内向けにも経営計画が必要になるのである．

ケース2：成長指向大・経営資源需要小

このケースでは，ケース1と同様成長指向は大きく，企業革新に取り組むため従業員を巻き込む必要は高いものの，ある程度内部蓄積があり，また，人材的にもゆとりがあるため，既存人材で新事業等に取り組むケースである．この場合は，対外的には必要性はないものの，社内的には経営計画が必要になる．

ケース3：成長指向小・経営資源（資金）需要大

このケースは，外部環境に対応できず，採算的に厳しくなっているが，事業は何とか維持していきたいと考えているような企業を想定している．この場合は，資金繰りが厳しくなっていることが想定されるため，金融機関から融資を受けられるような内容の経営計画が求められる．

ケース4：成長指向小・経営資源需要小

このケースは，経営者が高齢化等により事業意欲を喪失しているが後継者がおらず，いずれ事業をたたむことを想定している．こうした企業も経営計画をたてる必要があるとは考えられないが，円満に事業を終息させるためには，別途廃業計画といったものが必要になるであろう．ただし，本書ではこうしたケースは研究の対象外としており，別の機会に論じることとしたい．

経営計画の機能と策定効果

本書では，経営計画を経営者の頭の中にある暗黙知（経営理念の実現方法）を「見える化」するためのコミュニケーションツールとしてとらえる．つまり，経営計画を作成することにより，従業員や金融機関の職員に対して次章で述べる「情報の非対称性」を緩和させる役割を果たすこと，さらに経営計画の実行状況を報告ないし開示することにより，その企業の将来性を「見える化」することを実証する．

ここで，経営計画の機能に関して関連する研究に触れておきたい．経済産業

省は2005年に『知的資産経営の開示ガイドライン』を公表して，財務諸表から読み取ることができない知的資産をステークホルダーに伝える役割を持つ知的資産経営報告書の作成を推奨した．ガイドラインによれば，知的資産経営報告書の目的は，「企業が将来に向けて持続的に利益を生み，企業価値を向上させるための活動を経営者がステークホルダーにわかりやすいストーリーで伝え，企業とステークホルダーとの間での認識を共有すること」にある［経済産業省 2005b：3］．また，その内容は，「事業の性格と経営の方向性，将来見通しを含む業績，過去および将来の業績の基盤となる知的資産とその組み合わせによる価値創造のやり方」［経済産業省 2005b：4］等となっており，作成に当たってはSWOT分析を実施することが求められている．知的資産経営報告書は，経営計画のように差異分析を行うことは想定していないため，位置づけは同じではないものの，内容的には本書における経営計画の枠組みに近い考え方といえる．

　知的資産経営報告書の作成を中小企業に促すために公表された中小企業基盤整備機構［2007：12］によれば，知的資産経営報告書の機能として，マネジメントとコミュニケーションがあるとされる．経営計画についても同様に2つの機能と効果を有すると考えられ整理すると**表1-8**のとおりとなる．

表1-8　経営計画の機能と効果

	概　要	効　果
マネジメントツール	経営者の頭の中にある経営方針や経営戦略を，経営計画という目に見える形でドキュメント化することで，経営者の考えが整理できるため，従業員の指向ベクトルを明確化できる．	・経営環境分析（SWOT分析）により機会・脅威を認識するとともに自社の競争優位性を体系的に把握． ・方向性が明確化し，経営方針が定まることにより，経営資源の有効な配分が可能になる． ・マネジメント・サイクルを循環させることにより従業員のマネジメント能力を高める．
コミュニケーションツール	自社の経営資源を把握し，その活用方法を裏づけ指標とともに経営計画として記載し開示することで，各ステークホルダーに対する信頼性を高めることにつながる．	・株主，金融機関に対し自社の将来性を伝える． ・得意先や仕入先・協力会社等事業上のパートナーに対し，信頼性を高める． ・従業員に対し自社の優位性を伝え，ロイヤリティを高める ・入社希望者に対し，自社の魅力を伝える．

注：管理のことを英語ではマネジメント（management）と呼ぶ．マネジメントには，計画（plan），執行（do），統制（see）の活動があり，この一連のサイクルをマネジメント・サイクルと呼ぶ（神戸大学経済経営学会［2011］）．
出典：中小企業基盤整備機構［2007：12］を参考に筆者作成．

（4） 中小企業における経営計画の策定状況

中小企業における経営計画の策定状況に関する調査はあまり多くない（先行研究としては，中小企業診断協会［1993］，関［2007］，澤邉・飛田［2009a］，小椋［2014］など）．それぞれの調査における経営計画の策定状況は，**表1-9**のとおりである．

表1-9に関して留意すべき点は，調査対象となっている中小企業の業種・地域・規模等が一定ではないことである．また，経営計画を策定している場合でも，その内容が，売上・利益計画だけなのか，環境分析を行ったうえで経営戦略まで織り込まれたものなのか具体的な内容まではわからないが，調査結果では関［2007］を除きやや高い数値が出ている．

関および小椋の研究で調査対象となっているのは，中小企業家同友会全国協議会（以下，同友会）という中小企業の強靭な企業づくりを目的とする企業経営者による団体であり，2013年4月現在全国47都道府県において4万3000人の企業経営者が加盟している[6]．同友会の主要な活動の1つは，「経営指針確立の運動」である．同友会における経営指針とは，「経営理念」「経営方針」「経営計画」の総称であり，経営指針成文化運動と呼ばれる経営指針を成文化し，時代に即した経営を行うことを目的とする活動を行っている．同友会のいう経営理念とは，「企業の目的とは何かを考え，経営にあたっての基本的な考え方を明示するもの」である．経営方針とは，「3年から5年ぐらいの中期の会社のあるべき姿と目標を示し，それに到達するための道筋であり，戦略として表されるもの」である．また，経営計画とは，利益計画を中心とした単年度の具体的な実行計画を表すもの」である［関 2007：83］．こうした取り組みにもかかわらず，必ずしもすべての会員企業が経営計画を策定しているわけではないということは，中小企業が経営計画を策定することの困難さを示しているといえよう．

表1-9　中小企業における経営計画の策定状況

	中小企業診断協会 ［1993］	関 ［2007］	澤邉・飛田 ［2009］	小椋 ［2014］
策定している	77%	41%	62%	72%
策定していない	23%	59%	38%	28%
調査企業数	131社	273社	131社	820社

出典：筆者作成．

4 「経営理念に基づく経営計画」の必要性と具体化

（1）「経営理念に基づく経営計画」の必要性

　前節まで，経営理念と経営計画に関して先行研究を整理してきた．それを踏まえて，本書において中小企業における経営理念と経営計画の役割について明確にする．それは以下のとおりである．中小企業の経営者は，経営する企業の存在意義としての経営理念を明確にし，その実現を目指すために「見える化経営」を行う．その実現のためのツールが「経営理念に基づく経営計画」である．

　前述のとおり，これまで経営理念と経営計画は別のものととらえられており，学術的な研究ではそういう視点からは取り上げられていない．経営コンサルタント等による実務書の中では，宮内［2009：34-35］のように「経営理念は経営計画の中でもっとも重要な要素」との指摘がある．

　なぜ，経営理念に基づく経営計画が必要なのか．北居［1999］は，経営理念に関する先行研究を概観して，これまでの多くの理念研究は，主に理念の「作者」に焦点を当てた研究であったと指摘し，あらたな視点として，理念の「読者」に焦点を当てた研究が可能と主張している．ここで，理念の「作者」とは，創業者やトップ・マネジメントであり，「読者」とは他の組織構成員（役員・従業員）や組織体内外の利害関係者が該当する．

　この「読者」の視点は，経営理念の浸透を考える際に重要である．理念が浸透しているかどうかは，どれだけ実践につながっているかで判断できる．また，経営理念は，多様な読み方を許すコンテキストであり，その解釈には絶対的な正解が存在しない．したがって，理念の解釈は終わりのないプロセスであり，それが「読者」の学習への動機づけにもなりうる，とされる．

　この「作者」と「読者」の視点は，経営計画についても同様の指摘が可能と考えられる．図1-4で示した経営計画の必要性は，まさにこうした視点からの整理である．つまり，経営理念の浸透は，経営者から従業員へ一方的に行われる行為である．経営者やその意を汲む管理職は理念を浸透させるために行動や儀礼・儀式等シンボルの手段を活用する必要があるが，そうした物語が都合よく存在しているとは限らない．

しかし，経営計画が経営理念を実現するために，「簡潔」で「一貫性」があり，「ストーリー性」を持って策定されていれば，「読者」である従業員あるいは利害関係者にとって理解しやすいであろう．また，それが部門や個人別の具体的な活動計画に落としこまれていれば，活動の意味やすべきことが明確になり，それによって企業はどうなるかなど，将来を「見える化」することになる．それが，従業員のモチベーションアップにつながり，利害関係者からの信頼醸成にもつながると考えられる．

最終的に，こうした経営理念に基づいて策定された経営計画は成果にもつながることになり，従業員の成長や利害関係者からの継続的な支援も期待できることになる．

つまり筆者の本書における主張を簡潔に示すと以下のとおりである．

> 経営計画は「経営理念を実現するためにある」

ただし，経営理念を制定しそれに基づく経営計画を策定したとしても，その計画を「実行」つまり，定期的な差異分析などマネジメント・サイクルを循環していかなければ成果にはつながらない．また，実行に際しては，経営者自身が計画の達成に向けて従業員に対してどのような働きかけをするかが重要となる．つまり，経営計画策定後の「経営者の行動」がもっとも重要である．

（2） 大企業における経営理念の具体化と経営計画

ここまで，中小企業における経営理念に基づく経営計画の必要性を論じてきたが，大企業における経営理念は経営計画の中でどのように具体化されているのであろうか．

先に経営理念の浸透方法に関する先行研究を整理した（**表1-6**）が，経営理念の浸透方法として経営計画に着目した研究はほとんどなかった．これは，大企業において経営理念は経営計画に反映されているということが自明とされているからなのかは定かではない．経営理念が経営計画に反映されていると数量的に実証された研究を確認することはできなかった．経営理念やビジョンと経営計画の関係についての研究として奥村［1997］がある．

奥村は東証一部上場企業426社（回収70社）に対してアンケート調査を行い，「経

営理念を活かす枠組み」について分析している．奥村によれば，「経営理念を活かす枠組み」とは，経営理念・経営方針・経営計画という「経営理念の階層性」を保つこと，また経営に関する適切な領域から価値観を抽出し時代にあった価値観を用いるという「経営理念の領域性」を確保することである［奥村 1997：162］．調査の結果，各社が「経営理念を活かす枠組み」を持つ努力をしていることが理解できたとされている［奥村 1997：183-184］．具体的には，経営理念を活かす枠組みとして75.7％の企業が「経営方針・長期計画を設定」しているのである．

つまり，大企業では，経営理念とは「始めに存在する前提」であり，「ビジョンを創出する際の価値基準」になるだけでなく，「一般的なラインにおける操業においても指針となるもの」なのである［戸前 2000：224］．

（3）「経営理念に基づく経営計画」の具体化のプロセス

「経営理念に基づく経営計画」はどのように具体化されるのであろうか．策定プロセスは大企業と中小企業で基本的な違いはなく，**図1-7**のとおりと考えられる．本書では，**図1-7**で示される一連のプロセスを，「経営計画」と呼んでいる．

まず，経営理念・経営ビジョンの明確化が前提となる．経営理念と経営ビジョンの意味するところは，企業によって異なると考えられるが，本書では，「経営者の信条や信念に基づいて明文化された企業（組織）の指導原理であり，その存在目的や価値観，基本指針を含む概念」と定義しており，経営ビジョンは，

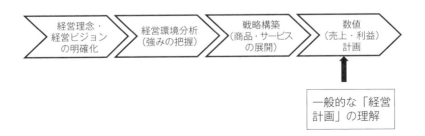

図1-7　「経営理念に基づく経営計画」の策定プロセス
出典：筆者作成．

「経営理念を中期的に具体化したもの」としている．前述のとおり，大企業においても経営理念は「前提」とされており，それに基づいて経営方針や戦略が立てられ，経営計画を策定していることが確認できた．中小企業においては，大企業以上に経営者の影響が強く，経営者の「思い」が経営理念にどれだけ込められているかによって，従業員の動きは変わってくると考えられる．したがって，経営理念・経営ビジョンの明確化がスタートとなるのである．

　次に，経営環境分析によって自社にとっての機会や自社の強みを把握する．経営資源に乏しい中小企業が弱みを克服したり，脅威となる市場を攻めたりしても成功はおぼつかない．Druckerが指摘するように強みに目を向けることが重要である．

　自社にとっての機会と自社の強みがわかれば，自社の進むべき方向性，つまり，方針や戦略が決まってくる．どのような市場に自社の強みを生かした商品・サービスを投入するかを検討し，そこに経営資源を集中していくことになる．

　方針・戦略が決まれば，それによって中期経営計画の目標をどの程度にしたいのか，さしあたり今期はどれくらいの売上・利益を目指すのかという数値計画が具体化される．このようなプロセスを経ずに，数値目標・計画だけを掲げている中小企業が多いのは事実である．しかし，そのような数値だけの経営計画を見て，従業員は具体的に何をすればいいのかわかるだろうか．本書では，経営理念の明確化から始まる一連のプロセス（プランニング）を経営計画ととらえている．つまり，一般的に売上・利益計画を経営計画ととらえる考え方とは一線を画している．それは，経営計画をマネジメントツールとしてだけではなく，コミュニケーションツールとしてとらえることである．

　本書では，経営計画にコミュニケーションツールとしての役割，つまり，経営計画を策定・開示することにより各ステークホルダーに対する信頼性を高めることを企図しており，次章にて情報の非対称性緩和の視点からさらに検討していくことにする．

注

1）中小企業庁の調査における中小企業者は個人事業主も含まれるため中小企業者数は「社」ではなく，「者」を使用している．

2）息子に社長を譲っても隠然たる力を有する実力会長がいるようなケースが該当する．

3）中小企業診断協会［1993：65］によれば，経営計画を専門スタッフが策定している中小企業は10％である．

4）遠藤功［2005］によれば，「見える化」とは，企業活動の様々なものを「見える」ようにする試みのことである．

5）野中・竹内［1996］によれば，暗黙知とは，「人間一人ひとりの体験に根ざす個人的な知識であり，信念，ものの見方，価値システムといった無形の要素を含んでいる．」

6）中小企業家同友会全国協議会ホームページによる（http://www.doyu.jp/org/towa/2014.11.29.確認）．

第2章　中小企業における情報の非対称性

はじめに

　前述のとおり，日本の中小企業は企業数（個人企業＋法人企業）の99.7％を占めている［中小企業庁 2014：127］が，1986年の543万者をピークに減少を続けており，2012年の統計では385万者と86年対比71％の水準にまで低下している．

　これは，開業企業数を廃業および倒産企業数が上回っているためである．経済の活性化や効率化を考慮すれば，既存企業を単に存続させればよいわけではなく，市場における存在価値のなくなった企業が退出することはある意味必然である．つまり，存在意義のない事業や企業を無理やり存続させることはかえって弊害が大きいと考えられる．しかし，そのすべてが社会にとって必要のない企業だったのだろうか．

　本章では，本来は生き残るはずの企業が市場から退出せざるを得なくなることは社会経済にとって損失，つまり，雇用の場が失われることにつながることから，これに対応する方法を考えるにあたっての理論的な分析を行うことを企図している．その際，「情報の経済学」を手掛かりに考察を試みる．先行研究のレビューとして「情報の経済学」に関する研究の概要を説明したうえで，対外的な情報の非対称性に関しては対金融機関の視点から対称情報と非対称情報を整理し，対内的な情報の非対称性に関しては，対従業員の視点から同様に対称情報と非対称情報に整理した．さらに，情報の非対称性を緩和するための手段として経営計画の策定と実行の意義を「シグナリング」の観点から提起している．

　その前に，廃業および倒産の要因を「情報の経済学」の枠組みを活用して，

廃業については「対内的な情報の非対称性」の視点から，倒産については「対外的な情報の非対称性」の視点から説明を試みたい．

清水［1985］によれば，中小企業倒産の構造的な要因を遠因，近因，トリガー要因（直接的な引き金となる要因）の3つの要因に整理すると，「遠因としては，現在の市場ニーズの大きな変化に対して，経営者能力の不足，あるいは，その中小企業のもつヒト，モノ，カネ，情報の総合的な経営力の不足のため，製品・サービスが対応できなくなったこと」があげられる．次に，「近因としては，売上低下，利益減に対応するためにとられた経営者の対応の失敗や不測の債権焦げ付きの発生など」があげられる．トリガー要因としては，「体力のなくなった経営に最後の致命的な打撃を与える金融的な要因」があげられ，具体的には，融通手形の失敗や銀行の支援ストップ，高利金融からの借入などが指摘されている．

つまり，直接的には，「資金繰りの破たん＝資金調達の失敗」が倒産要因となっているということであり，中小企業金融で通説となっている，借り手の返済能力を貸し手はわからないという「情報の非対称性」の存在が，中小企業の存続を左右することにつながっていると考えられる．

また，安田［2006］によれば，経営者が引退した後に企業が廃業するか存続するかの決定に影響を与えるものは，「資産規模ではなく，企業の収益性であり，経営上の強みの存在や経営見通しが立つことにある（下線は筆者）」としている．つまり，廃業の直接的な要因は後継者不在であることだが，それは，後継者や社員に対する「企業の魅力」や「将来性」の「見える化」の失敗であり，「対内的な情報の非対称性[1]」の存在が廃業につながっていると考えられる．

以上のとおり倒産要因である資金調達の失敗は，直接的な理由の1つとして「対外的な情報の非対称性」により説明することができる．また，廃業要因である「企業の魅力」の可視化失敗は，「対内的な情報の非対称性」により説明することができる．そして，これら情報の非対称性を緩和するためにはコミュニケーションツールが必要であり，そのツールとして経営計画の活用を提唱する．さらに，経営計画を策定するだけでは情報の非対称性緩和への寄与は不十分であり，計画が実行され，その状況が開示されて初めて情報の非対称性が緩和されることを論証していく．

1　情報の経済学に関する先行研究

　これまで，中小企業金融における不可避の要素として「情報の非対称性」の存在が取り上げられ，中小企業白書においてたびたび論じられてきた[2]．また，金融庁においても，2003年以降，情報の非対称性を緩和し，中小企業金融を円滑化させる切り札として，「リレーションシップバンキング」が取り上げられ，地域金融機関に対してその機能強化を指導している[3]．

　中小企業金融において貸し手と借り手の間に情報の格差があるという情報の非対称性が本質的な問題であるのなら，リレーションシップバンキングと呼ばれる長期継続的取引の推進により，中小企業金融はもっと円滑化されるはずではないかと考えられる．実践活動がうまくいかないとすれば，その根拠となる「情報の非対称性が中小企業金融の円滑化を妨げている」という理論に問題があると考えるのが妥当である．

　本章は中小企業，とりわけ中小企業金融において前提とされている［酒井2008：5］情報の非対称性に関して新たな視点を提供する．つまり，これまで金融分野でしか論じられてこなかった中小企業における情報の非対称性を「対外的」と「対内的」に分けて考えること，及び情報を「対称情報」と「非対称情報」に整理することを通じて，中小企業における情報の非対称性に関する通説への疑問を提示している．また，情報の非対称性の緩和に対する経営計画の貢献を提起している．

（1）　情報の非対称性の定義

　神戸［2004］によれば，情報の非対称性とは，「取引において一部の人間が知っている情報を他の人は知らないこと」を指す．この情報の非対称性という用語を最初に提起したのがAkerlof［1970］である．Akerlofは，中古車市場を例に情報の非対称性が市場にもたらす影響を論じている．買い手が欠陥のある商品とそうでない商品を区別しづらい中古車市場では，良い車と悪い車（米国では欠陥車を「レモン」と呼ぶ）がある場合に，車の買い手は，実際にその車を使用した経験がないために品質が判別できないことから，売り手は品質に関係なくす

べて同じ価格を付けざるを得ない．悪い車と良い車が同じ価格で売られると良い車の売り手は真の価値に見合う対価を受け取れないため，市場から退出することになる．結果的に，悪い車が良い車を市場から追い出すことにより「逆選抜」が生じることを明らかにした．その後，Stiglitz and Weiss [1981] の先駆的な業績以降，情報の非対称性の金融理論分野への応用は目覚ましく，国内外で多くの研究が行われている [計 1999]．

（2）　金融における情報の非対称性

金融理論において情報の非対称性が議論される際には，「金融市場では借り手は自分の返済能力は知っているが，貸し手は知らない」ということが前提とされている．このため，中古車市場と同様に，良いタイプの借り手が市場から撤退する「逆選抜」が起こったり，適切なモニタリングを行わないと，借り手が資金の返済を怠る「モラル・ハザード」が発生しやすかったりするとされる．また，審査を行うための情報収集コストも課題となる．そして，このような逆選抜やモラル・ハザードを防ぐための対策として，Spence [1973] らによって提案された「シグナリング」や「スクリーニング」がある．

さらに，こうした市場の非効率を改善する仕組みとして，日本の金融システムの特色である「メインバンク・システム[4)]」があげられる．メインバンクと借り手企業が継続的な取引関係を形成することによって，情報の非対称性を緩和させることができるというもので，先にあげた，「リレーションシップバンキング」にも通じる考え方である．

（3）　中小企業金融における情報の非対称性

中小企業金融も金融の一分野であるため，基本的な考え方は前項のとおりである．しかしながら，中小企業金融ならではの論点もある．その1つは，中小企業は「大企業よりも情報の非対称性が大きい」ということであり，もうひとつは，中小企業の情報，とりわけ財務情報は「大企業に比べて信頼性が低い」ということである．前者は情報の「量」の問題であり，後者は情報の「質」の問題と整理することができる．

まず，情報の量については多ければいいというわけではない．情報には，融

資判断においてプラスになる材料もあれば，マイナスになる材料もある．中小企業においては，調査すればするほど大企業にくらべてマイナスの材料が出てくることが普通である．なぜならば，融資を受けたい企業にとって，通常，融資判断にプラスとなる情報は積極的に開示してもマイナスになる材料は隠そうするものだからである．

次に，質の問題は一見正しいようにみえる．しかし，実務的には2つの会社を比較してA社のほうがB社よりも情報の質が高いから融資を実行するということはない．あくまで個別の企業に対して，入手した情報を基に融資の可否判断をすることになる．つまり，情報の質が他社との比較において高い，低いということは，融資判断の材料にはならないのである．

しかしながら，情報の非対称性が中小企業金融において全く影響がないわけではない．つまり，情報の非対称性における「事前の情報」と「事後の情報」という視点からの検討を要する．小野［2007］によれば，事前の情報とは「借り手の質（債務履行能力）」を指し，事後の情報とは「借り手の行動（債務履行努力）」ととらえることができる（p.34）．ここで，事前と事後とは融資の実行前と実行後ということになる．しかし，表2－1のとおり同書を含めこれまでの研究では，融資判断における事前の情報や事後の情報が具体的にどのような内容であ

表2－1　中小企業金融における非対称情報の内容

研究者	非対称情報の内容
中小企業庁［2003］	借り手の質や借りた後の行動の正確な把握
金融庁［2003］	借り手の信用リスクに関する情報（借り手の経営能力，事業の成長性）
池尾・金子・鹿野［1993］	借り手の支払い能力（借り手の将来所得の見込み）
藪下［1995］	借り手がどのような企業であるか，何の目的で借り入れるのか，投資プロジェクトの内容
村本［2005］	事前的：借り手の質 期中：借り手がどのプロジェクトを選択するか 事後的：最終的な収益
高橋［2006］	借り手が本気で返済する気があるか，資金使途の信ぴょう性，借り手の経営能力
小野［2007］	事前：借り手の質（債務履行能力） 事後：借り手の行動（債務履行努力）
内田［2010］	借り手の返済可能性 借り手の返済努力

出典：筆者作成．

り，それがどのように融資判断に反映されるのかという点については明らかにされていない．そこで，金融機関においてはどのような情報をもとに，どういう観点から融資判断を行うかについて実務の視点を踏まえて考察していく．

2 中小企業における対外的な情報の非対称性

（1） 融資審査に必要な情報

金融機関は中小企業から融資申し込みを受け付けるに当たっては，**表2-2**のように融資申込書等の提出を受けるとともに，各種書類の受領や閲覧のほかヒアリングを行い融資の可否を判断する．根本［2011］によれば，中小企業向け融資においては，融資担当者と中小企業経営者との間のリレーションシップを通じて生産された「ソフト情報」が重要であり，一般的に財務情報を中心とする数値化できる情報を「ハード情報」とすれば，ソフト情報は数値化が困難な情報とされる．そして，ソフト情報としては，経営者の属性や家族構成，経営理念，経営者としての資質や健康状態，業界における地位，取引先や地域での評判，職場環境，従業員の士気，後継者の有無などが重要な情報と指摘している．根本は，ハード情報＝対称情報，ソフト情報＝非対称情報と定義しているわけではないが，ソフト情報のうち非公開（担当者が親密にならないと入手できない）情報を重視し，これらの情報の収集と活用に着目した分析を行っている．

ここで，上記の根本の研究を踏まえて，融資の際に金融機関が入手する情報や融資判断に際して必要とする情報について対称情報と非対称情報に整理してみる．酒井［2010］によれば，市場における売り手と買い手の情報分布につい

表2-2　融資申込時の提出書類（例）

書類名	内　容
融資申込書	借入申込金額・資金使途・借入期間・返済時期・返済方法など
会社経歴書	会社の沿革・概要
事業概要書	事業内容・設備概要・生産販売状況などの説明
最近3期間の決算書類	損益計算書および貸借対照表など
資金繰り表	資金の収支状態についての実績及び予定

出典：筆者作成．

ては，**図2-1**のような4つのケースに分けて考えるのが便利である（p.238）．
図2-1において，売り手サイドと買い手サイドの双方について，必要な情報
が「保有されている」，「保有されていない」の二通りが想定されている．

（2）　対称情報と非対称情報

図2-1は4つのボックスから構成されている．対角線上にある2つのボッ
クス①と②が「対称情報」のケース，③と④が「非対称情報」を表している［酒
井 2008：64-65］．

①　対称情報（完全情報）

売り手と買い手の双方が情報保有するような「完全情報」のケースである．
このケースは，一般均衡理論やミクロ経済学において伝統的に想定されている
「標準ケース」である．

②　対称情報（無情報）

売り手と買い手がともに無知であるような「無情報」のケースである．たと
えばウナギの中間輸入業者と国内小売業者とが市場で取引する場合に，両業者
はウナギの正確な産地，使用飼料・薬品など品質に関する情報を持ち合わせて
いないことがありうる．この場合両者は過去の経験と勘に照らし合わせて平均
的な品質を想定する以外にない．

③　非対称情報（売り手のみが情報保有）

売り手のみが情報を保有しているケースである．たとえば，中古車市場や生

		買い手サイド	
		情報保有	無情報
売り手サイド	情報保有	① 対称情報 （完全情報）	③ 非対称情報 （売り手のみが情報保有）
	無情報	④ 非対称情報 （買い手のみが情報保有）	② 対称情報 （無情報）

図2-1　売り手と買い手の間の情報分布——4つのケース

出典：酒井泰弘［2010：238］を参考に筆者作成．

鮮食品市場のように売り手のみが情報を保有していることが想定される．ここで，買い手は「情報弱者」であり，その商品の良し悪しを判別できない．したがって，売り手が買い手を意図的にだまして「偽ブランド」の商品を売りつけることが起こりうる．

④ 非対称情報（買い手のみが情報保有）

消費者金融市場や保険市場のように買い手のほうが情報を保有しているケースである．消費者向けの金融・保険サービスは売り手サイドが買い手サイドの資産状況や健康状態などをあらかじめ知ることは困難である．この点は，中小企業金融とは異なると考えられる．

そこで，**図2-1**を中小企業金融における貸し手である金融機関と借り手である中小企業との間の情報分布に適用してみる．しかし，その前に4つのケースを心理学におけるコミュニケーション分析モデルである「ジョハリの窓」にしたがって整理する．

(3) ジョハリの4つの窓と情報の整理

1955年夏に，心理学者ジョセフ・ルフトとハリー・インガムが発表した「対人関係における気づきのグラフ・モデル」をのちに「ジョハリの窓」と呼ぶようになった．具体的には**図2-2**のとおりである[5]．

ジョハリの窓は，自分から他人への情報開示（自己開示）が行われることと，

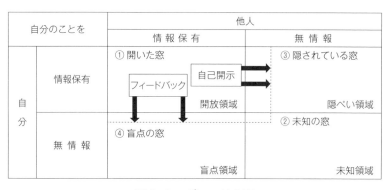

図2-2　ジョハリの窓

出典：柳原光［2005：64］を参考に筆者作成（一部修正）．

他人から自分へフィードバックが行われることにより，①の象限の拡大化が起こるとされる．それによって，自分自身の理解が進むとともに他人からの自分に対する理解が進むことによってコミュニケーションが円滑になると考えられている．

このジョハリの窓を踏まえて**図2-1**を中小企業金融における情報の整理に適用したものが**図2-3**である．ここで1点留意すべきなのは，①の象限の拡大化のプロセスである．ジョハリの窓では，「自己開示」と「フィードバック」によって拡大化が起きたが，金融においては，貸し手である金融機関が融資審査において必要な情報を入手することがポイントであるため，金融機関が保有

		貸し手（金融機関）	
		情 報 保 有	無 情 報
借り手（企業・経営者）	情報保有	① 対称情報：開かれた情報（事前の情報） 公開された財務情報 事業概要 経営者経歴・後継者の有無 従業員の保有資格 特許等知的財産 借入内容 担保内容 保証人資産 経営計画書（作成されていれば）	③ 非対称情報：隠された情報（事前の情報） 簿外資産・債務等不正確な財務情報 経営者の資質・能力 従業員能力・モチベーション 組織力 技術力・ノウハウ 長期継続取引および経営計画の開示（経営環境分析）により（1）対称情報（開かれた情報）へ転化可能
	無情報	④ 非対称情報：盲目の情報（事前の情報） 当該企業に対する金融機関の評価（信用格付等） 業界における評判 地域における評判 同業他社の財務内容・信用力	② 対称情報：未知の情報（事後の情報） 経営者の将来的な信頼性 将来の当該企業の収益性 将来の当該企業の成長性 経営環境の潜在的リスク 事業の潜在的リスク 長期継続取引（経営計画の実行：進捗報告）により（1）対称情報（開かれた情報）へ転化可能

図2-3　対外的な情報における対称情報と非対称情報の整理

出典：筆者作成．

している情報を借り手である中小企業に伝えるフィードバックは，融資審査の際には必ずしも重要ではない．

したがって，①の象限の拡大化のためには，自己開示による③の情報の提供が重要であり，長期継続取引により②の象限が徐々に実績として明らかになることおよび筆者が提唱している枠組みによる経営計画の開示がポイントとなる．

① 対称情報：「開かれた情報」

借り手から情報公開がなされ，貸し手が入手可能な情報があげられる．①の象限は長期継続取引を行うことにより②および③の情報が①の対称情報に転化することにより面積が広がる．つまり，情報の非対称性が緩和されることになる．

② 対称情報：「未知の情報」

借り手と貸し手双方にとっても不確実であったり，制御不能であったりする情報を指す．融資実行時点では得ることのできない情報であり，「事後の情報」である．しかし，長期継続取引によって経営者や企業の情報が蓄積されると信頼性や成長性等が徐々に判明する．その際，後述のとおり経営計画の進捗状況を取引金融機関へ定期的に報告することは，情報の非対称性緩和のために有効な手段である．そうすることで「未知の情報」は① 対称情報に転化しうる．

③ 非対称情報：「隠された情報」

借り手は認識しているが公開されておらず，貸し手にとっては知らされていない情報である．隠された情報は，借り手が意図的に隠す場合を除き，長期継続取引によって①の対称情報に転化しうる．この点は，金融庁がリレーションシップバンキングを推進するにあたって重視している内容である．筆者は後述のとおり，経営計画策定に際して経営環境分析を行い自社の強み・弱みを整理すること，その内容を盛り込んだ経営計画の開示により，「隠された情報」は① 対称情報に転化しうると考えている．

④ 非対称情報：「盲目の情報」

貸し手である金融機関がその顧客基盤や情報収集力から入手することは可能であるが，借り手である中小企業は必ずしも知らない情報があげられる．

（4）「隠された情報」の検討

　情報の非対称性（換言すれば，非対称情報）の存在が中小企業に融資できない理由であるならば，金融機関が非対称情報を入手するか，借り手である中小企業が必要な情報を開示すればよいことになる．前述の分類でいえば，③の「隠された情報」がそれにあたる．

　具体的にあげた情報のうち，簿外資産・負債等は経営者からの情報開示がなければ把握できない[6]．ここでいう簿外資産・負債等には，実態を正確に示していない財務諸表の内容を含めて考えている．しかし，多くの中小企業の財務情報に信頼性が欠けていたとしても，それは融資ができない理由にはならない．なぜなら，地域金融機関における取引先のほとんどは中小企業であり，財務情報に信頼性がないからといって融資を断っていては，融資業務を行うことができなくなってしまうからである．ただし，簿外資産・負債等がない公正な会計ルールに基づく財務諸表を作成し，それを金融機関に対しても開示するのが本来のあるべき姿であろう．中小企業が作成する財務諸表の信頼性を確保するために，中小企業庁および金融庁は2012年に「中小企業会計要領」を公表し，中小企業の実態に即した新しい会計ルールを提示した．これとは別に，会計専門家が会計参与として参画している中小企業においては，「中小企業の会計に関する指針（中小指針）」があり，中小企業はどちらも参照することが可能とされている．中小企業庁［2014：21］は，中小企業会計要領の活用により「金融機関の必要な情報をタイムリーに提供できれば，金融機関の審査もスムーズに行うことができる」と指摘している．

　次に，従業員の能力やモチベーションおよび組織力については，融資に際して従業員等にインタビューすることはまずないので，情報収集は難しいと言わざるを得ない．しかし，それがわからないからといって融資を断る理由にはなりにくい．

　また，技術力・ノウハウについては，それらを収益に結びつけられなければ，返済原資は生まれてこない．したがって，そうした情報の有無が融資判断に決定的に影響するとは考えられない．むしろ，画期的な技術を有しているのであれば，取引先がすでに着目しているはずであり，当該企業の販売先や販売先との取引内容（納入部品）等を確認することにより把握することが可能である．

したがって，金融機関の担当者が技術力等を評価できないのではなく，評価されるだけの技術力等を有していないのが現実だと考えられる．

　これらの情報は，経営計画策定のステップの1つとされる経営環境分析（SWOT分析）のうち，自社分析を行うことによって整理し明文化することが可能になる．はじめは自社の強み・弱みを明確に整理することは難しいかもしれない．しかし中小企業診断士等の専門家の指導を仰ぎながら実施しブラッシュアップすることにより，定期的な見直しが必要になるとしても自社の現状を把握することができるようになる．それが経営計画の策定を行ううえでのベース情報となるのである．

　経営者の資質・能力については，事前の情報というだけではなく事後の情報としても重要な情報であるため次項で改めて検討する．

（5）　経営者の資質・能力と「経営者の信頼性」（未知の情報）

　前述のとおり，非対称情報としてこれまで重要視されてきた情報は，必ずしも融資判断において主たる判断材料にはなっていないと考えられる．そこで重要となるのが長期継続取引によって築かれる企業と金融機関との「信頼関係」であり，換言すれば「経営者の信頼性」である．また，その経営者が経営を行うことによる「企業の将来性」である．つまり②の対称情報ということになる．中小企業においては「企業」と「経営者」は同一とみなすことができよう．なぜなら，中小企業においては，経営者の資質・能力が企業の盛衰を決めるからである［清水 1986：31］.

　金融機関が経営者を信頼するのは，「この経営者は，必ず融資をきちんと返済してくれる」と判断できるときである．いくら発言が立派であっても，また公的な役職などに就いていても，行動が伴わないため返済に疑念を与えるような経営者は信頼されない．

　こうした経営者（企業）を評価する用語に「仕振り」という言葉がある．三井住友銀行の頭取を務めた西川善文氏が，その著書のなかで，企業を評価するうえで重要なのが「経営者の資質や経営のやり方」でありそれを「仕振り」と呼んでいた［西川 2011：42-43］と述べており銀行業界用語と考えられる．

　つまり，仕振りとは企業と金融機関との取引の中で蓄積された「事後」の情

報であり長期的に取引を継続する中で金融機関の信頼を得ることが可能になる開かれた情報としての「対称情報」となるのである．こうした情報に加えて，担当者は日ごろの経営者との接触をもとに，信頼できる経営者かどうか，つまり，この経営者に融資をして本当に返済してもらえるかの最終判断を下すことになる．

　次に，信頼できる経営者とはどのような経営者を指すのか検討する．山岸[1999：13] によれば，信頼は「能力に対する期待としての信頼」と「意図に対する期待としての信頼」に区別される．「能力に対する期待としての信頼」は，収益の状況や財務内容等借り入れを返済していくことが可能かという「返済能力」を示している．

　一方の「意図に対する期待としての信頼」は，経営者が必ず融資を返済しようという責任感を有しており，実際にそうした行動をとることへの信頼ということになる．信頼を得るための行動とは，約束を守る，隠し事をしない（開示すべき情報を開示する），やると決めたことを実現するために努力するといったことになる．具体的には，借入金返済が約定どおり履行されること，当座勘定における小切手や手形の決済状況などに現れる．さらに，毎期きちんと経営計画を策定しそれを経営者自ら金融機関に出向いて説明をすること，それに加えて，定期的に経営計画の進捗状況を報告することは，金融機関からの信頼を大きく向上させることにつながる[7]．このような「経営者の（将来的な）信頼性」は，長期にわたる取引を通じて情報が蓄積されることにより形成される．つまり，長期にわたる継続取引が重要なのは，こうした「事後の情報」の蓄積につながるからである．仕振りとは，こうした経営者の「能力に対する信頼」と「意図に対する信頼」を金融機関が判断するのに必要な情報といえる．

　ここまで述べてきたとおり，中小企業における対外的な情報の非対称性は，消費者金融市場や保険市場といった一般消費者向けの金融市場とは全く異なる性質を有している．中小企業金融の場合，企業が存続する間は金融機関と反復・継続的に取引するのが普通であり1回限りの取引ではないからである．長期継続取引が①の対称情報の質と量を向上させることにより情報の非対称性が緩和される．リレーションシップバンキングが注目されるよりもはるかに前から中小企業金融に取り組む金融機関はこうした活動を行ってきたはずであるが，バ

ブル経済とその崩壊の過程でその本質が失われてしまったものと考えられる
[宮島 2006].

3 中小企業における対内的な情報の非対称性

（1） 対内的な情報の非対称性の意味

「CiNii[8]」による論文データ検索で「中小企業」と「情報の非対称性」をキーワードに検索すると14件の論文が該当する[9]．これらの論文はすべて直接・間接を問わず「金融」にかかわる論文となっている．つまり，中小企業において情報の非対称性に関する研究は，対外的とりわけ対金融機関との関係において行われてきている．

　一方，「対内的な情報の非対称性」については先行研究がほとんどない．これは，情報の非対称性が市場での取引における情報の問題を扱っているためであり，組織内における情報は考察の対象外になっているものと推察される．

　中小企業を対象とする研究だけでなく，大企業まで含めても該当する研究はないとみられるが，まれに研究されているテーマとしては，人事制度における個人情報の非対称性の問題がある［平野 2003a：2003b］．ただし，一般的に企業と労働者という観点では労働市場における情報の非対称性に関する議論は行われている[10]．

　対外的な情報の非対称性において，事前と事後は融資実行前と実行後で区分したが，対内的な情報の非対称性の場合にはどのように考えるべきだろうか．この点に関しては組織論で用いられる「心理的契約」に着目した．

　新規学卒者の労働市場では「七五三離職」といわれるように，2005年における入社3年以内の離職率は，中卒67％，高卒48％，大卒36％となっている［太田・橘木 2012：183］．この数値は従業員が少ないほど高いという傾向を示している[11]．

　青木［2001］は，「雇用者と従業員との関係における相互の義務に関する個人の信念」を「心理的契約」と定義する．そして退職意思について調査した結果，心理的契約における期待が高いほど「退職しようとしない」ことを明らかにした．

　つまり，従業員に対して経営者や企業からのなんらかの情報提供があり，そ

れが心理的契約を締結するに十分な内容で，契約を維持し続けること，換言すれば勤務を続けることを従業員が意思決定しうる内容であるか否かが重要である．

そこで，ある企業に入社した従業員が当該企業で働き続ける意思決定を行う際に企業と結ぶ「心理的契約」を市場における財またはサービスとみなし，心理的契約を結ぶにあたって必要な情報を提供する情報提供者が経営者，情報受容者が従業員とした場合に，情報分布の観点から対外的な情報の非対称性の場合と同様に整理すると**図2−4**のようになる．

		従 業 員	
		情 報 保 有	無 情 報
経営者	情報保有	① 対称情報：開かれた情報（事前の情報） 経営理念 経営方針・目標 開示された経営計画 給与体系 人事評価制度 労働時間・休暇 職場環境 自己啓発支援制度 福利厚生制度	③ 非対称情報：隠された情報（事前の情報） 暗黙知状態にある経営理念や方針 開示されていない経営計画 開示されていない財務情報 社内で公開されていない企業秘密 経営計画開示により（1）対称情報（開かれた情報）へ転化可能
	無情報	④ 非対称情報：盲目の情報（事前の情報） すでに勤務している社員の持つ 非公式な社内情報（組織風土など）	② 対称情報：未知の情報（事後の情報） 経営者の将来的な信頼性 企業の将来の業績 企業の将来の成長性 経営環境の潜在的リスク 事業の潜在的リスク 経営計画の実行状況の開示により（1）対称情報（開かれた情報）へ転化可能

図2−4　対内的な情報における対称情報と非対称情報の整理

出典：筆者作成．

① 対称情報：「開かれた情報」

　経営者から情報公開がなされ，従業員が入手可能な情報があげられる．経営計画の策定やその実行状況の開示が行われることにより，②や③の情報が①の対称情報に転化することにより①の象限が拡大，つまり情報の非対称性が緩和される．

② 対称情報：「未知の情報」

　経営者と従業員双方にとって不確実であったり，制御不能であったりする情報を指す．新入社員にとっては入社時点では得ることのできない情報であり，既存従業員にとっても心理的契約締結時点では知ることのできない将来の情報である．勤務して数年が経過していればある程度の予測はつくものの，経営計画の実行状況の開示等が行われないと検証しにくい情報といえる．

③ 非対称情報：「隠された情報」

　経営者は認識ないし作成しているが公開されておらず，従業員にとっては知らされていない情報である．隠された情報は，経営者が意図的に隠す場合を除き長期雇用によって対称情報に転化しうる．つまり，経営計画の策定および開示により会社の方向性等が明確になることにより①の象限の面積が広がることになる．

④ 非対称情報：「盲目の情報」

　従業員は日常の業務等を通じて入手することは可能であるが，経営者は必ずしも知らない現場情報があげられる．

（２）　対内的な情報の非対称性が存在することによる問題点

　対内的な情報の非対称性が存在すること，つまり，経営理念や経営計画が知らされていないこと，また，企業の独自能力や将来性が「見える化」されていないことでどのような問題が起きるのだろうか．情報の経済学によれば，情報の非対称性が問題になる理由は，２つの事象が発生するからといわれている．そのひとつは，取引が始まる前に生ずる「逆選抜」であり，もうひとつが，取引発生後に生ずる「モラル・ハザード」である．

　まず逆選抜については，一般的に情報を受け取る側（買い手）が情報提供者（売り手）の情報が信用できない（わからない）ので，市場から退出することを指す．

経営者と従業員の関係でいえば，経営者がどのような経営理念や計画に基づき経営を行っているのかわからないために，従業員が経営者を信頼できず，つまり心理的契約を結べずに退職してしまうことといえよう.

モラル・ハザードについては，火災保険の購入者が保険の加入によって，かえって火災の防止に留意しなくなり，火災が発生しやすくなるような事例を指す．つまり，経営計画はあるにもかかわらず，その進捗状況のフォローが行われないために，心理的契約に綻びが生じることにより目標を達成しようと働かないケースなどが想定される.

モラル・ハザードに関しては，情報提供者と情報受容者の間に利害の不一致がなければ，モラル・ハザードは起きない［神戸 2004：186］との指摘もあり，利害の不一致を起こさないためのツールが「経営計画」と考えられる.

次に,対内的な情報の非対称性が存在することによる問題点をマネジメント・コントロールの観点から整理してみる.

澤邉・飛田［2009］によれば，日本企業においてMCS（マネジメントコントロールシステム）がどのように組み合わされて利用されているか，非上場の中小企業の実態調査に基づく分析を行った結果，以下のことが明らかになった.

組織内部の調和や統合を重視する内部指向型の企業においては，経営理念を中心とした理念コントロールが，組織外部への柔軟な適応を重視する外部指向型の企業においては，人間関係を中心とした社会コントロールと会計コントロールが従業員満足度向上と有意な正の関係を持つ．つまり，中小企業においても，① MCSが従業員満足度に影響を及ぼすこと，② 組織文化のタイプによって従業員満足度に影響を及ぼすMCSが異なることが明らかになった.

マネジメント・コントロールとは，「組織目的」を達成するために組織成員の行動を誘導することである．組織成員が自発的に組織目的のために行動してくれるような理想的な状況にない理由としては，以下の3点があげられる.

① 方向性の欠如
② 個人意欲（動機付け）の問題
③ 個人能力の問題

方向性の欠如とは，従業員が組織の目的を理解しておらず，どのような行動

をとるべきか理解していない状態である．MCSの具体的な役割の1つは，従業員に対して達成すべき目標に関する情報を提供することとされる．

動機付けの問題は，組織の目的と個人の目的が常に一致するとは限らないことから生じる．MCSの役割は，組織の目的と個人の目的を一致させることであり，そのためには，情報の提供が重要とされる．

個人能力の問題とは，その仕事を遂行するために必要な知識や経験を担当者が備えていない場合に生じる問題である．MCSの役割は現状の組織成員の能力に応じた職務を与えることや，適切な職務能力を習得するための機会を用意すること及びどのような能力が必要かについての情報提供も重要である．

これら3点は，稲盛和夫氏の成功の方程式「成功＝考え方×熱意×能力」の3要素とも合致している．いずれにしても，MCSが機能するためには，経営者から従業員への「達成すべき目標」や「組織の目的」，「必要な職務能力」といった情報を開示することが重要であり，こうした情報が適切に伝わらなければ，成果の上がるマネジメントは行われないといえる．

澤邉らは，内部指向型企業は，経営理念の浸透度が高まれば，従業員の満足度が高まり，外部指向型企業では，内部統制制度による業務範囲の明確化と社会関係の重要性が高まることで従業員満足度が高まることを指摘している．

この研究結果は，内部指向型企業においても外部指向型企業においても，経営計画の有効性が示されたものといえる．つまり，内部指向型企業においては，経営理念重視型の経営計画が，外部指向型企業においては，利益計画重視型の経営計画が機能することになる．ここで，内部指向型企業とは，本書における対内的な情報の非対称性緩和重視の企業であり，外部指向型企業とは，対外的情報の非対称性緩和重視の企業と考えられる．

4 情報の非対称性と経営計画策定および実行の意義

ここまで，中小企業における情報の非対称性について，主に金融機関を対象とする「対外的な情報の非対称性」と新たな概念として従業員を対象とする「対内的な情報の非対称性」の2つの視点から整理してきた．そしてそれぞれの情報の非対称性緩和のツールとして経営計画が有効であることを示唆した．本節

では，情報の非対称性の緩和に対して経営計画の策定と実行がどのように機能するのかその意義とあわせて検討する．

（1） 情報の非対称性への対策としての「シグナリング」

情報の非対称性の緩和に対して経営計画が有効であることを指摘してきたが，理論的な裏付けを検討したい．ここで注目するのは，情報の非対称性緩和への対策として挙げられている「シグナリング」である．

シグナリングとは2001年にノーベル経済学賞を受賞したSpenceにより初めて提起された概念であり，情報を保有している情報優位者が，情報を持たない側（情報劣位者）に間接，直接に情報を提示し情報の格差を縮小するような行動をとるというミクロ経済学における概念である．

Spence［1973］は，高等教育が労働者の生産性に何ら影響を及ぼさないとしても，企業がその労働者に対して高賃金を払うことは合理的であるとした．たとえば，労働市場において労働者がMBAや公的資格等を取得して自分の優秀さを示すような事例が具体的にあげられよう．

そのように考えれば，企業ないし経営者が経営計画を策定してその内容を開示すること，さらに計画の実行によりその進捗状況を開示することは，この「シグナリング」ということになる．

（2） 経営計画の策定および実行と情報の非対称性との関連

経営計画は実行されてはじめて成果につながる．作成した経営計画が経営理念の実現のためではなく，目標数字を達成しようという「意思」が込められていることが肝要である．したがって，経営計画には，経営理念の実現とその一里塚としての目標達成に向けた「ストーリー」が描かれなければならない．つまり，目標を達成することによって，自社がどのような姿になるのかというビジョンが明確に描かれ，それを従業員が共通認識として受け入れ，実現に向けて努力していこうとモチベーションが上がること，また，支援する金融機関も経営計画の策定と実行により当該企業の将来性が判断できるようになることが重要である．

この点を改めて情報の非対称性との関係で説明すると以下のとおりとなる．

まず，主に取引金融機関を対象とする対外的な情報の非対称性に関して言えば，融資判断において重要なのは，経営者の資質・能力や従業員能力，組織力や技術力といった**図2-3**における③の非対称情報よりも，むしろ経営者の将来的な信頼性や将来の当該企業の収益性や成長性といった②の対称情報である．中小企業が金融機関と長期継続的な取引を行いつつ，経営計画を実行しその状況報告を行うことにより「信頼」が構築される．その結果，金融機関の立場から経営者の将来的な信頼性，当該企業の収益性や成長性等が「見える化」する，つまり，①の対称情報に転化させることになるのである．

次に，従業員を対象とする対内的な情報の非対称性に関しては，従業員が当該企業で勤務を続けるためには，暗黙知状態にある経営理念や方針，開示されていない経営計画等**図2-4**における③の非対称情報を開示することは無論であるが，開示された経営計画があるだけでは，企業の将来性を判断することができない．したがって，経営計画の実行と開示により当該企業にとどまるよう従業員の「心理的契約」を強固にしていくことが重要である．

具体的には，「企業の将来の業績」は，経営計画の売上・利益計画の差異分析により状況を把握し，達成状況や対策の履行状況等を従業員が確認することで信頼性を確保することができる．「企業の将来の成長性」は設備投資計画や研究開発計画の策定および実行状況を通じて確認することができる．また，経営環境や事業の潜在的リスクに関しても，SWOT分析に基づく経営計画の策定・実行により確認することができる．

つまり，経営計画を実行し，その進捗状況を開示することは，「企業の将来性」という経営者はもちろん，従業員やメインバンクですらわからない「未知の情報」を「既知」としての開かれた対称情報に転化するために必要なのである．

お わ り に

本章は，中小企業において本来存続すべき企業が倒産や廃業に追い込まれている現状を考慮し，それを回避するうえで中小企業金融において通説となっている「情報の非対称性」を手掛かりとして検討を進めてきた．

本章における主張を改めて整理すると以下の5点になる．

① 中小企業における情報の非対称性は，対外的な情報の非対称性と対内的な情報の非対称性に整理することができる．

② 対外的な情報の非対称性は，情報保有の分布により4つのケースに分類できるが，4つのケースのうち，対金融機関でもっとも重要なのは，非対称情報よりもむしろ未知の情報としての対称情報である．

③ 対内的な情報の非対称性も，情報の分布により4つのケースに分類できるが，4つのケースのうち，対従業員でもっとも重要なのは，やはり未知の情報としての対称情報である．

④ 経営計画を策定することは，4つのケースのうちの非対称情報＝隠された情報を開かれた情報としての対称情報に転化することにつながる．

⑤ 経営計画の実行と金融機関への報告もしくは進捗状況の従業員への開示は，対称情報＝未知の情報を対称情報＝開かれた情報に転化することにつながる，つまり情報の非対称性対策としての「シグナリング」効果を持つ．

以上をまとめると，経営計画には対外的な情報の非対称性と対内的な情報の非対称性を緩和するコミュニケーションツールとしての役割があるということになる．経営計画の策定および実行の意義を情報の非対称性緩和との関係を踏まえて経営者が認識することにより経営計画を策定する企業が増加し，赤字企業の経営改善が期待される．そうなれば，そもそも存続の意欲や能力もない経営者が経営する企業は別として，本来は生き残るべき企業が市場から退出するという悲劇が減るのではないかと考えられる．

注
1）「対内的な情報の非対称性」は筆者の造語である．取引金融機関などに対する「情報の非対称性」が，いわば「対外的」なのに対して，社内における情報の非対称性を「対内的」な情報の非対称性ととらえた．
2）中小企業庁編［2003］，中小企業庁編［2005］2005年版の中小企業白書では中小企業が円滑に資金調達を行うためには「情報の非対称性」を緩和することが必要不可欠と指摘している．
3）金融庁［2003］『リレーションシップバンキングの機能強化に向けて』「リレーションシップバンキング」とは，「金融機関が顧客との間で親密な関係を長く維持することにより顧客に関する情報を蓄積し，この情報を基に貸出等の金融サービスの提供を行うこ

とで展開するビジネスモデル」を指す．なお，近年金融庁は，リレーションシップバンキングの代わりに，「地域密着型金融」という表現を用いている．

4）青木＋パトリック［1996］によれば，「メインバンク・システム」とは，「特別に緊密で継続的な関係を持つ銀行と企業との間の資金調達とモニタリング機能」と定義される．

5）中小企業基盤整備機構［2007］『中小企業のための知的資産経営マニュアル』中小企業基盤整備機構p.233において，「ジョハリの窓」のフレームを用いて知的資産経営報告書の開示情報を検証する際の視点が整理されている．

6）地方の優良企業としてもてはやされながら，2011年に会社更生法を申請し経営破たん（2012年2月に長瀬産業が完全子会社化）した㈱林原のように，メインバンクである中国銀行が長年の粉飾決算を把握できず，簿外債務が数百億円にのぼったといわれるケースもある．

7）筆者が関与している企業が貸し渋りにあった際に，このようなアドバイスを行い，社長が実践したことにより，銀行の対応が一変したことがある．

8）NII国立情報学研究所による論文情報ナビゲータ．論文や図書・雑誌などの学術情報が検索できるデータベース・サービス．

9）2014年1月14日確認．

10）労働市場においては，企業は労働者の能力がわからないために必ずしも能力が高い人が採用されるとは限らない．

11）厚生労働省の調査によれば，2014年の大卒者の3年以内離職率は従業員1000人以上が22.8％に対して，同5人未満は60.4％となっている（https://www.mhlw.go.jp/content/11650000/000369570.pdf 2014.12.1.確認）．

<table>
<tr><td>第 3 章</td><td>中小企業の発展段階と
経営管理システム</td></tr>
</table>

　前章では中小企業における情報の非対称性について，主に金融機関を対象とする「対外的な情報の非対称性」と新たな概念として従業員を対象とする「対内的な情報の非対称性」の2つの視点から整理してきた．そしてそれぞれの情報の非対称性緩和のツールとして「シグナリング」の観点から経営計画が有効であることを示唆した．本章では，中小企業の発展段階に応じて経営計画の内容が異なるのではないかとの観点から考察していく．つまり，中小企業がその発展段階に応じて経営者の役割や戦略が変わってくること，さらにその実現のための経営管理システムが異なることを明らかにし，結果的に経営計画の内容が中小企業の発展段階に応じて変化することを論証する．

1　企業の発展段階に関する先行研究

（1）　企業成長と発展段階

　企業にはライフサイクルがあるといわれる．古くはMarshallが『経済学原理（第2版）』［1891］において，経済社会の中でちょうど森の中の木のように芽から若木へ，さらに大木へと成長する企業が生まれるが，やがて成長が止まり朽ち果てて新しい若木と交代するという「森の比喩」と呼ばれる生物学的説明を行った［髙田 2008：94］．

　このように企業を生物体と同様に考え，従業員数の増加・成長過程を連続的な細胞分裂の過程としてとらえる考え方や，組織の発展過程をいくつかの発展段階に分割して，それぞれの段階と企業の関心事との関連性に焦点を合わせた考え方などがある．

　Starbuckは，このような組織の成長過程のモデルを，細胞分裂モデル，変容

モデル，鬼火モデル，意思決定過程モデルに4分類しているが，組織の成長を
いくつかの質的に相違する発展段階に区分する考え方は変容モデルとしてとら
えられる［今口 1992：43］.

変容モデルには，成長段階と組織統制システムとの関係に焦点を当てる考え
方や組織構造の変化，あるいは経営全般の戦略・組織・経営スタイルといった
特質に焦点を当てる研究などさまざまである．さらに成長段階も論者によって
3段階，4段階あるいは5段階と分類されており一様ではない.

本節では，代表的な企業成長モデルであるGreinerの成長モデルを手掛かり
に考察を進める．Greinerは「組織内に生じる問題の原因は，過去に採用した
マネジメント手法にある」と考え，組織の誕生から成熟段階までの時間を考慮
し，組織規模が拡大していく過程において，組織はどのような問題に直面しそ
れを克服していくことによってどのように成長していくかを示した［高島
2009：81-83］.

Greiner［1972］は，組織発展の成長モデルを描くために5つの構成要素を挙
げている．それは，組織の年齢，組織の規模，進化段階，革命段階，産業の成
長率である．5つの要素をもとに，Greinerは組織の成長段階を分類した．**図
3-1**のとおり，各段階において直面する問題が異なっている．また，前段階
のマネジメントや意思決定が次段階の問題を生じさせるという特徴がある．以
下，各段階の特徴をみていく.

第1段階　創造性による成長と統率（リーダーシップ）の危機

創造性の段階では製品と市場の両方を作り出すことが強調される．創業者は
技術志向あるいは企業家精神志向が強く，マネジメント活動は軽視する．従業
員間のコミュニケーションは頻繁に行われ，形式的ではない．活動の統制は，
市場の影響を直接に受け，顧客の反応に応じて行われる.

組織が成長し始めると従業員数の増加が問題を引き起こす．増加した従業員
は非公式なコミュニケーションのみでは管理できない．そのため，経営者は望
んでいないマネジメント上の責任を負わなければならなくなる．そこで，経営
者が過去のやり方で押し通そうとすると組織内に対立を引き起こすことにな
る．この時点でリーダーシップの危機が起こる．これに対して，経営者は自ら
が気に入り，組織を協調させる有能な管理者を雇い入れなければならない.

第2段階　指揮による成長と自主の危機

有能な管理者を置くことで第1段階を乗り切った企業は，そのリーダーシップのもとで持続した成長期に入る．機能的な組織構造が導入され，職務の割り当てが専門化される．会計システムが導入され，インセンティブ，予算，職務基準などが採用される．コミュニケーションは公式的で一般的なものになる．そして，幹部管理者が指令を出す責任を持ち，下位の監督者たちは機能的なスペシャリストとして扱われるようになる．

新しい指揮の技術は，従業員のエネルギーを効果的に企業の成長に向けるが，さらに大規模で複雑な組織の管理には不適当なものになっていく．下位のレベルの従業員は集権化された上下関係よって制約されていることを徐々に意識するようになる．そして，下位の管理者たちは自分の職務分野に自信を持ち始め，自主に対する要求が高まる．この結果，トップが責任を手放したがらないと下位の管理者の自律意識に危機が生じる．場合によっては，組織を去る人も出てくる．

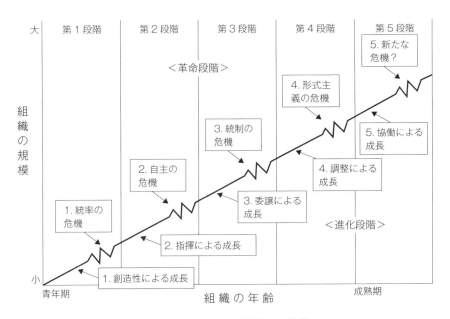

図3-1　Greinerの成長の5段階

出典：Greiner [1972] をもとに筆者作成（一部修正）．

第3段階　委譲による成長と統制の危機

次の段階は分権化組織構造をうまく適用することから進展する．ここでは，経営者に掌握されていた権限の多くが下位の管理者へ移譲される．下位の管理者たちの動機づけのために事業部制や賞与が利用される．一方で，経営者は現場からの報告に基づき，例外による管理（机上の理論による意思決定）をしないように自制していく．やがて経営者は現場への訪問もたまにしか行わないようになる．

しかし，経営者が高度に多様化した現場運営の統制力を失ったと感じるようになると重大な問題が起こってくる．現場の管理者たちが組織の他の部門と連携せずに自ら統制しようとするようになるからである．このことが結果的に統制の危機を生み出す．このため，経営者は再び中央集権的な組織への回帰を目指すようになるが，それはたいてい失敗する．

第4段階　調整による成長と形式主義（官僚制）による危機

第4段階では，調整をうまく行うための正式なシステムが導入され，経営者の責任のもとに新たなシステムを採用する．たとえば，分権化された製品グループの統合，正式な計画手続きの確立，全社的管理プログラムの開始と専門スタッフの本社採用，設備投資の部門別の慎重な配分などである．各製品グループが投資単位として扱われ，投資収益率が重要な基準として使われるようになる．データ処理などの技術的機能が本社に集中する一方，日常的な経営意思決定は分権化される．このような新しい調整システムは，企業内の限られた資源を効果的に割り当てることにより成長に寄与する．

組織規模が大きくなるにつれて，現場ラインの管理者と本社スタッフとの間に信頼の欠如が生まれてくる．また，システムとプログラムが増加すると形式偏重主義の危機が生じる．組織が大きく複雑になると正式なシステムや硬直した仕組みでは管理が難しくなってくる．いわゆる官僚制の逆機能[1]という状態に陥ることになる．

第5段階　協働による成長と新たな危機

官僚制の逆機能を克服するためには，個人相互間の強い協働が必要になる．これが第5段階の協働による成長である．ここでは，個人相互間のチームを通じてのマネジメント行動が要請されるため，これまで以上に自発性が求められ

るようになる．そして，正式な統制に代わって，社会統制や自己訓練が優勢になる．この段階のマネジメントは，より柔軟なアプローチが強化される．具体的な特徴は，チーム活動を通じて早期に問題解決に当たる，チームは職能を超えて編成される，本社スタッフは減員され職能が再配置される，課題にふさわしいチームを作るためにマトリックス組織が採用されるといった点である．

　Greinerは，執筆時点の1970年代において，多くのアメリカの大企業が第5進化段階にあると指摘している．そして，新たな危機はチームワークの強さと革新的な問題の解決の重圧で疲れ果てている従業員の「心理的飽和状態[2)]」を中心に生じると示唆している．

　Greinerの成長モデルは，時間軸を組織の誕生期から成熟期まで長期にわたりとっており，組織が成長するとともに直面する課題とその克服策が論じられていた．しかし，Greinerは，各発展段階における企業の具体的なイメージは提示していないため，現実の企業に適用しようとすると，当該企業がどの段階に該当するのかがわかりにくい．

（2）　ベンチャー企業の成長モデル

　次に，ベンチャー企業の成長モデルをみてみよう．ここではTimmons［1994］を参照する．Timmonsは，Greinerと同様にベンチャー企業の成長段階において各段階の境界付近で変革期を迎えることが多いと述べている．そして，起業家にとってもっとも挑戦しがいがあるのは従業員が30人，50人，75人と増加するに従い，自ら行動することから直接的管理，そして管理者が管理するスタイルへの移行という重大な転換と経営管理の変化に対処することである，とされる［Timmons 1994：邦訳 219-221］．

　スタート・アップ（創業）期には，ベンチャー企業を先導する起業家とベンチャー企業経営チームの1人または2人程度が率先して行動することに特徴がある．この時期において中心的な活動は顧客や投資家・銀行らの信頼の獲得である．

　次に急成長期に入ると起業家はこれまで行使してきた意思決定に関する権限や支配力を手放す必要性に気付くようになる．そして，最終的なリーダーシップと責任は放棄することなしに主要な権限委譲が必要になる．

表3-1 Timmonsの成長モデル

成長段階	スタート・アップ期	急成長期	成熟期
企業家の行動	自ら行動	組織成員を直接管理	管理者の管理
売上高	0～300万ドル	300万～1000万ドル	1000万ドル以上
従業員数	0～30人	30～75人	75人以上
変革期における主要な危機	・創業者主導の創造性 ・絶えることのない変化，不明瞭性，不確実性 ・時間の圧縮 ・インフォーマルな意思疎通 ・反直観的意思決定と構造 ・相対的な経験不足	・創業者の創造性の浸食 ・曖昧な職務，職責 ・企業目標に対する混乱 ・自主性と統制対権限移譲の願望	・継続的に創業者を輩出することの失敗 ・管理機能の欠如 ・創業者間の対立

出典：Timmons［1994：邦訳 224］を参考に筆者作成（一部修正）．

　急成長期の後，ベンチャー企業は成熟期に移行する．この時期の企業の優先課題は生き残りから安定した利益を伴った成長になる．Timmonsの成長モデルをまとめると，**表3-1**のとおりである．

（3） 中堅・中小企業の成長モデル

　これら2つのモデルに共通するのは，企業の発展は右肩上がりに成長することを前提にしていることである．しかし，個人とりわけ経営者の資質に頼るところの大きい中小企業においては，別の視点が必要ではないかと考えられる．そこで，中堅・中小企業の成長に関する広範な研究で知られる故清水龍瑩教授[3]の研究を紹介する．

　清水［1986：5-6］によれば，中堅・中小企業の成長パターンは**図3-2**のとおりスタート・アップ期，成長期，安定期・再成長期の3期に分けられる．スタート・アップ期とは，創業時からその後に続く時期であり，企業規模としては零細企業から中小企業に移行する時期である．成長期は，スタート・アップ期にある程度経営基盤を固めた後に成長していく時期であり，ある企業は中堅企業に成長し，ある企業は中小企業にとどまってしまう時期である．安定期・再成長期は，それまで成長してきた企業がいろいろな理由で安定成長に移り，しばらくして体制をたてなおし，再成長していく時期である．この再成長に成功した企業が大企業になっていく，とされている．本章における研究の対象は

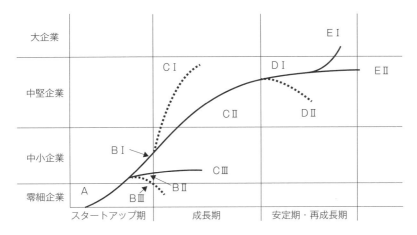

図3-2　中堅・中小企業の成長プロセス

出典：清水［1986：6］を参考に筆者作成．

中小企業であるので，**図3-2**におけるBⅠ，BⅡ，BⅢのパターンに絞って詳細に検討してみる［清水 1986：6］．

　清水は，スタート・アップ時期のハードルを乗り越えた企業のうち，経営者能力があり製品が市場のニーズにマッチしたものは高成長パターンBⅠをとり，それほど経営者能力がなく製品の独自性もないものは安定成長パターンBⅡをとる．さらに，創業当時の経営者意欲を失ったものはBⅢパターンをとる，としている．しかし，現実の多くの企業は中堅企業にまで成長するわけではなく，ほとんどが中小企業のままである．これは，全法人企業に占める資本金1億円未満の中小企業の割合が，過去50年ほぼ99％で変わらないことから判断できる．そう考えると，中小企業の発展段階はもう少し時間軸を長くとったほうがよさそうである．

　そこで，筆者は**表3-2**の中小企業の発展段階を提示する．これは，松田［2001］および柳［2004］を参考に整理したものである．

　スタート・アップ（創業）期は，文字通り創業から間もない時期であり，企業により違いはあるものの創業後3～5年程度までの期間と考えられよう．この時期にうまく事業を軌道に乗せられない場合は廃業や倒産というケースもあ

表 3-2　中小企業の発展段階別特性

	創業期	成長期	成熟期	第二創業期	衰退期
売上高	0～3億円	3億～10億円	10億～100億円	10億～100億円	10億円未満
従業員数	1～9人	10～100人	50～300人	50～300人	49人以下
成長性	立ち上がり	急成長	安定成長	急成長	低成長～縮小
創業からの経過年数	設立～5年	3年～	20年～	30年～	30年～

出典：松田［2001：80-81］および柳［2004：38］をもとに筆者作成. 第二創業期および衰退期については筆者が作成した.

る.

　成長期の企業規模は売上で10億円程度まで，従業員で100人程度までのクラスを想定している. この段階は売上や従業員の成長率が継続的に年率10％以上あるかどうかが判断の目安となろう.

　成熟期の企業規模は売上で100億円程度，従業員で300人程度までのクラスを想定している. どの段階で成熟期に入ったとみなすかどうかの明確な基準はないものの，創業期からの経過年数がおおむね20年程度以上の企業が該当することが多い.

　第二創業とは「既存事業者による新事業開発や経営革新」を総称している［鉢嶺 2005：1］. キーマンとなるのは，現経営者ではなく世代交代を機に登場してくる若手後継者とされており［鉢嶺 2005：5］，経営者が2代目もしくは3代目に継承されるタイミングでその段階に入るケースが多いと考えられる[6]. したがって，創業後30年程度経過していることが目安となる. 成熟期の企業が第二創業期に移行し脱成熟を実現できるか否かは，経営者が新事業開発や経営革新に取り組む意欲や能力を有しているかがカギとなる.

　衰退期は，成熟期を経た企業が第二創業による脱成熟を果たせなかったことで到達する段階と考えられる. 従業員規模は50名を割り，売上高も10億円以下に落ち込むような状態を想定している.

　以上のような各発展段階の特性は，必然的に経営者のタイプの相違をもたらす. 次項ではこの点に関して資質という観点から整理してみる.

2 中小企業の発展段階と経営者のタイプ

　企業の業績は外部環境の変化や企業における経営方針・経営意思決定およびそれらに基づく経営行動によって決まる．特に中小企業においては，経営者の資質が経営方針の決定や経営意思決定に大きく影響する．それは，大企業と違い中小企業は同族経営が多く，経営者個人が大きな力を持っていることが多いからである．これらのことから，中小企業では，企業業績と経営者の資質は何らかの相関関係を持つことが想定される．

　牧戸・長谷［1999］は，企業業績向上のために要求される経営者の資質は，企業の成長段階により異なるという仮説をアンケート調査により実証している．牧戸・長谷は経営者の役割を「企業家」と「管理者」に分け，それぞれの役割に必要な資質を「企業家マインド」と「管理者マインド」と呼び，**図3-3**のとおり企業の成長段階に応じて要求される資質が異なることを明らかにしている．

　また，牧戸・長谷は経営者に必要な資質を**表3-3**のように整理している．経営者が企業家の役割を果たす場合，新しい市場機会の発見のためには直観力や創造力が必要とされ，戦略的意思決定のためには決断力や先見性が必要とされる．そのためのメンタルな資質としては，進取の気性やチャレンジ精神などが必要とされる．

　他方，管理者の役割を果たす場合，財務の安定性と収益性を重視するためには分析力や計数力が必要とされ，日常業務意思決定には問題処理能力が必要とされる．そのために必要なメンタルな資質としては，協調性や合理性があげら

図3-3　企業の成長段階と「経営者マインド」

出典：牧戸・長谷［1999：98］をもとに筆者作成．

表3-3　経営者に必要な資質

企業家マインド		管理者マインド
・直観力 ・創造力 ・統率力 ・バイタリティー ・決断力 ・先見性 ・問題発見能力	能力	・分析力 ・情報収集力 ・システム志向 ・忍耐力 ・応用力 ・係数力 ・問題処理能力
・独立心 ・自負心 ・プラス志向 ・進取の気性 ・チャレンジ精神 ・野心 ・柔軟性	特性	・現状肯定 ・協調性 ・合理性 ・安定志向 ・達成意欲 ・保守性 ・首尾一貫性

出典：牧戸・長谷［1999：99］をもとに筆者作成.

れる［牧戸・長谷 1999：99］.

　また，清水［2000］は経営者に必要な能力を分析するために**図3-4**のとおり横軸に「企業家的態度」と「管理者的態度」とをとり，縦軸に経営者の経営機能として「将来構想の構築・経営理念の明確化」「戦略的意思決定」「執行管理」の3つをとる．これは，清水が1986～1998年の間にインタビューした企業経営者やその他のリーダーの意見から抽出した経営者の能力を図示したものである．

　清水［2000：34］によれば，企業家的態度は環境変化が激しい，組織が急成長する，または組織がその方向性を大きく変えるときなどに重視される経営態度である．一方，管理者的態度は，組織規模が大きい，安定経営が行われているときなどに重視される経営態度である．

　経営者が企業家的態度で「将来構想の構築」を行うときは直観力，想像力，洞察力などの能力が必要である．管理者的態度で「執行管理」を行うときは人間的魅力や相手の立場に立ってものを考える能力が重要になる．必要とされる各能力の重要性やどの経営機能の遂行にその能力が対応するかは，**図3-4**の円の大きさや位置によって示されている．

　以上の所説によれば成長期や第二創業期には企業家的態度（企業家マインド）が重視され，成熟期には管理者的態度（管理者マインド）が重視されるといえよう．

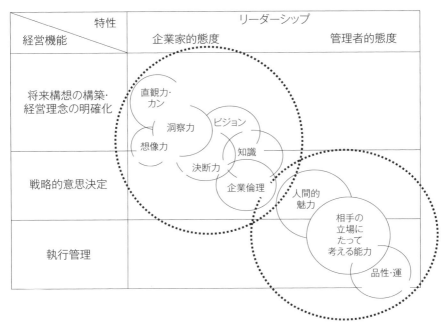

図3-4 経営者に必要な能力

出典:清水［2000：34］を参考に筆者作成.

　なお,衰退期の経営者に求められる資質は,どのようなものであろうか.本書では,管理者マインドが重要であると考える.なぜならば,衰退期の企業にとって,まず求められるのは赤字という出血を止めることであり,そのためには,収入に見合うだけの支出に抑えることが必要だからである.つまり,財務の安定性や収益を確保するための分析力や計数力が求められるとともに,厳しい状況でも持ちこたえる忍耐力が求められるからである.各発展段階別の経営者のタイプをまとめると**表3-4**のとおりである.

表3-4 中小企業の発展段階と経営者のタイプ

企業の発展段階	成長期	成熟期	第二創業期	衰退期
経営者のタイプ	企業家	管理者	企業家	管理者

出典:筆者作成.

3 中小企業の発展段階と戦略

前節では企業の発展段階に応じて経営者に求められる資質が変化することをみた．経営者の資質が異なるということは，経営者の戦略志向性も異なることが想定される．本節では，企業あるいは組織の発展段階が戦略にどのような影響を及ぼすのかを検討する．

（1）　Ansoffの所説

組織と戦略に関する研究といえば，まず思い出されるのがChandler［1962］の「組織は戦略に従う」であろう．しかし，この命題に異議を唱える声もある．たとえば，『エクセレント・カンパニー』の著者であるPetersは，戦略を決めるのは「組織構造」であると主張している．

Ansoff［1965］も反論者の一人である．Ansoffによれば，優れた戦略が策定されていても，組織内部に宿っている自然発生的な「慣性」と「変化への抵抗」が強ければ，その戦略は実現できないという現象が数多く観察される．企業がどのような成長戦略を選択するか，どのような事業分野に多角化していくかは，その企業がこれまでに形成した組織の性格と能力によって大きく左右される．不断の組織学習と組織能力の向上がなければ，外部環境にふさわしいとされる経営戦略の実施は不可能である．こうした意味から，Ansoffは「戦略は組織に従う」というChandlerとは逆の命題を提示した［喬 2014：21］．

かつて「エクセレント・カンパニー」や「ビジョナリーカンパニー」として脚光を浴びた企業の経営戦略を自社に導入しようとして失敗した事例は多くみられる．また，トヨタ自動車の「トヨタ生産方式」を取り入れようとしてもなかなかうまくいかないという話もよく聞く．つまり，戦略先行・組織追随というChandler流のアプローチの失敗を意味する．

経営計画策定のステップの中で戦略策定の前に行うSWOT分析と呼ばれる経営環境分析がある．これは，企業を取り巻く外部環境の機会（Opportunities）と脅威（Threats）および自社の経営資源の強み（Strengths）と弱み（Weaknesses）を整理したうえで，自社の取りうる戦略の方向性を明らかにするための枠組み

表3-5　成長ベクトルの構成要素

使命(ニーズ)／製品	現製品	新製品
現市場	市場浸透	製品開発
新市場	市場開発	多角化

出典：Ansoff［1965：邦訳137］をもとに筆者作成（一部修正）.

である．経営資源に乏しい中小企業においては組織能力のレベルに応じた戦略をとらざるを得ない．そういう意味では，組織の発展段階に応じて戦略が異なると考えることができよう．

　ここで重要なのはどちらの見解が正しいかということではない．ChandlerとAnsoffはともに環境変化に対応するための経営戦略と組織能力という異なる側面に力点を置き異なる命題を主張したのである［喬2014：22-24］.

　Ansoffは，組織の成長と戦略の関係をどのように論じているのか．Ansoff［1965］は，企業の成長を「製品─市場分野」という基準を使うことを提唱している．また，「成長ベクトル」という企業の現在の製品─市場分野との関連において企業がどんな方向に進んでいるかを示す概念を提示した［Ansoff 1965：邦訳135-137］.成長ベクトルの構成要素は**表3-5**のとおりである．

　表3-5の「市場浸透」の欄は，現在の製品─市場の市場占有率の増大をもとにして成長方向を示すものである．「市場開発」の欄は，企業の製品について新しい使命（市場）を探求していく方向を示すものである．「製品開発」の欄は，現在の製品に代わるものとして新製品を作り出す方向を示すものである．最後に「多角化」の欄は製品と使命（市場）の両面で企業にとって全く新しいものを目指す方向を示すものである．

（２）　中小企業の発展段階と戦略

　各成長戦略は，企業の発展段階とどのように対応するのだろうか．市場浸透については，ある程度シェアを持ち安定的な経営を行いうる成熟期の戦略としてとりやすいと考えられる．市場開発は，既存の製品で新しい市場セグメントを開拓し，成長の機会を見出す方法であり，成長期または第二創業期の企業が

表 3 - 6　中小企業の発展段階と戦略

企業の発展段階	成長期	成熟期	第二創業期	衰退期
経営戦略	市場開発	市場浸透 製品開発	製品開発 多角化	財務リストラ （縮小）

出典：筆者作成.

とりうる戦略といえよう.

　製品開発は，現在の市場セグメントに対して既存の製品と大きく異なるような新機能や新しいデザインの新製品を投入し成長を図る方法であり，ある程度の市場シェアを有している成熟期から第二創業期にかけての企業がとりうる戦略と考えられる. 4つの戦略のうち多角化は中小企業にとってはかなりハードルが高いと考えられる. ただし，第二創業期のように経営者が代替わりし，自身の経験や強みを生かすために新たな事業への進出を試みるケースはあるといえよう. なお，衰退期の企業がとりうる戦略は，攻めよりもむしろ守りということになろう. もちろん守りだけでは生き残ることは難しいが，当面は資産売却や，人員削減等のいわゆるリストラクチャリングにより，金融機関の支援を受けられる状態に縮小する必要がある. 以上をまとめると**表 3 - 6** のとおりである.

4　中小企業の発展段階と経営管理システム

　前項では,企業の発展段階に応じてとりうる戦略が異なる可能性を示唆した. 戦略が異なれば，その戦略を実現するための経営管理システムもいくつかのパターンに区分されることが想定される. 本項では，発展段階と経営管理システムの対応について検討していく.

（1）企業経営における経営管理システム（MCS）の役割

　「企業は人なり」という言葉もあるように，企業は人によって構成され，人の働きによってその成果も異なる. つまり，組織目的が達成されるかどうかは組織成員（従業員）が望ましい行動をとるかどうかにかかっている. この現実

に即した経営管理（マネジメント）の側面はマネジメント・コントロールと呼ばれている．マネジメント・コントロールは，組織目的の達成に向けて組織成員を動機付け，望ましい行動を実行するように誘導するプロセスであると定義されている．

　マネジメント・コントロールの手段は，倫理綱領や服務規程のような社内ルール，管理会計システムや目標管理制度，内部統制システムといった管理システム，行動マニュアルや作業手順書のような手引きなど多種多様である．マネジメント・コントロール手段の機能は，従業員のやる気や行動に影響を及ぼすことであり適切に利用することで組織目的を達成する可能性を高めることが期待される．マネジメント・コントロール手段を体系化した仕組みをマネジメントコントロールシステム（以下，MCSと略す）と呼んでいる［澤邉・飛田 2009：74-75］．

　たとえ経営者が正しい意思決定を行ったとしても，その意思決定に従った行動がされなければ，それは絵に描いた餅である．その反対に，経営者が必ずしも明確な意思決定ができなくても，現場サイドで正しい行動がとられることによって組織目的が達成されることも少なくない．組織の成功は，正しい意思決定ができたかどうかよりも，正しい行動ができたかどうかによって左右されるのである．

（２）　中小企業の発展段階と経営管理システム

　組織の規模が大きくなればなるほど，多くの組織成員を同じ方向に動機付けていく必要があるため，MCSの必要性は高まると考えられる．澤邉・飛田［2009：85-86］は，上場企業と非上場企業を対象にアンケート調査を行い，それぞれのマネジメント・コントロールの特徴を明らかにしている．同論文における中小企業に関する調査結果をまとめると以下の通りとなる．

　分析は２段階で行われている．まず，回答した企業を組織文化に応じた２つの企業群に分類する．そして，組織成員の意欲や満足度といった変数に対してMCSがどのような影響を及ぼしているか重回帰分析を行っている．

　組織文化は２つの軸によって分けられた４つの象限で示される．この４つの象限による組織文化の非階層クラスター分析による分類により，大家族型・官

僚組織型を中心にもつ「内部志向型クラスター」と起業家型・競争原理型を中心にもつ「外部志向型クラスター」が抽出された．澤邉・飛田は，MCSの理念型として会計を中心とする会計コントロール，経営理念を中心とする理念コントロール，社会関係を中心とする社会コントロールの3つを想定している［澤田・飛田 2009：85-86］．そして，これら3つのコントロールが従業員の満足度にどのように影響を与えるかを検証している．それによると，内部志向型クラスターでは，理念コントロールのみが，外部志向型クラスターでは，社会コントロールのみが1％水準で有意な正の関係を示している．また，10％水準ではあるものの，外部志向型クラスターでは内部統制（会計）も有意な正の関係が示された．つまり，内部志向型の組織文化を持つ企業では経営理念の浸透度が高まれば従業員満足度が高まり，外部志向型企業では内部統制制度による業務範囲の明確化と，社会関係の重要性が高まることによる従業員満足度の上昇という結果が得られたことになる．

　ここで，内部志向型と外部志向型という組織文化の分類が企業の発展段階とどのように対応するのかは自明ではない．しかし，内部志向型の特徴の1つである官僚組織型というのは，ある程度成熟した企業が想定されるのに対して，外部志向型の特徴の1つである起業家型はまさしく，起業して成長しつつある企業が想定される．つまり，成長期や第二創業期が外部志向型の傾向を有するのに対して，成熟期は内部志向型の組織文化を有することが推察される．また，衰退期の企業も組織としての変革ができず結果として成熟期の延長にあるものと考えれば内部指向型の組織文化を有することが想定される．

　MCSと発展段階との関係については，澤邉らの研究を踏まえると以下のように整理されよう（**表3-7**）．成長期は，資金繰り中心で利益を計上できるようにすることおよび円滑な資金調達を図ることが優先されると考えられる．つまり，会計コントロールが重視される．成熟期は，内部指向型の組織文化となることから理念コントロールが重視される．第二創業期は，成長重視で資金調達意欲が高まることから会計コントロールが重視される一方，経営者の交代により経営理念の見直しと組織への浸透が図られることから理念コントロールも重視されると考える．衰退期は，当面の資金繰りが優先されることから，会計コントロールが重視されるものと考えられる．なお，社会コントロールに関し

第3章　中小企業の発展段階と経営管理システム　79

表3-7　中小企業の発展段階と組織文化・MCS・意思決定プロセスのタイプ

企業の発展段階	成長期	成熟期	第二創業期	衰退期
組織文化	外部志向型	内部志向型	外部志向型	内部志向型
MCSの重点	会計コントロール	理念コントロール	会計コントロール 理念コントロール	会計コントロール
意思決定プロセスのタイプ	トップダウン	折衷（トップダウンとボトムアップ）	トップダウン	トップダウン

出典：筆者作成.

ては，中小企業においても今後は重視されると想定されるが，現時点において
影響は少ないものと考える．

（3）　中小企業の発展段階と組織における意思決定プロセスのタイプ

　MCSと文化的要因という観点からの研究に内田［2008］がある．内田は，財
務的業績目標がどのようなレベルでどのような方式により決定されるかという
点と設定方式が国民文化の影響を受けるかという観点から研究を進めている．
それによれば，目標の設定方式としてトップダウン型，ボトムアップ型，両者
の折衷型があるなかで，アメリカ人には折衷型が有効であり，中国（台湾）人
にはトップダウン型が有効であることが示唆されたとされる［内田 2008：49-67］.

　ここで，どのような意思決定プロセスのタイプが有効なのかを考える際には，
それが，業績向上や経営目標の達成に効果があるのかどうかという視点が重要
である．つまり，（1）「目標達成へのコミットメント」（2）「情報の共有」（3）
「行動への寄与」といったメリットがもたらされるかどうかである．そのよう
に考えると，組織文化の違いが意思決定プロセスのタイプにも影響を与えるこ
とが想定される．

　内田［2008］によれば，国民文化を特徴づける軸は権力格差と個人主義／集
団主義の2つである．アメリカは権力格差が小さい個人主義の国であり，中国
や台湾は権力格差が大きい集団主義の国とされる．ちなみに，日本は両者の中
間に位置する．

　以上を踏まえて，中小企業の発展段階に応じた有効な意思決定のプロセスを
考えるとどうなるだろうか．成長期と第二創業期は，経営者が強いリーダーシッ

プを発揮して意思決定を行い，それに従業員がしたがっていくことで成長を遂げることができると考えられる．第二創業の場合は，初めから後継者が権力を握るということは稀かもしれないが，先代社長の後見により従業員が付き従わなければ，第二創業の成功はおぼつかない．また，成熟期になるとある程度経営幹部も育ち，経営者の一存だけではなく組織としての意思決定が行われるものと想定される．ただし，ボトムアップで経営が行われる水準に達するには中小企業レベルでは難しいものと考えられることから，折衷型での意思決定が行われるものと考えられる．問題は衰退期である．組織文化の観点からは，成熟期と同様との考え方もあろう．しかし筆者はそう考えない．衰退期においては，前述のとおり人員削減も含めた「血を流す」覚悟が必要になる．そうであれば，ボトムアップや折衷型では，経営者の決心が揺らぎかねない．したがって，トップダウンによる意思決定が求められるものと考えられる．以上，本節の検討結果をまとめると**表3-7**のとおりとなる．

5　中小企業の発展段階に応じた経営計画

　大企業では当然のごとく作成されている経営計画[8]であるが，中小企業においては必ずしも作成されていない[9]．その理由は，必要性が感じられない，作る人がいない，作成方法がわからないといったことがあげられる．

　2006年に公表された中小企業庁による調査［中小企業庁 2006］では，経営計画（事業計画）を策定していない理由として，57.8％が「そこまでする必要がない」，次いで「分析等を行える人材が社内にいない」30.8％，「分析等に人員を割く余裕がない」が15.4％となっている．6割がそこまでする必要がないと答えているのは，表現を変えれば必要性が感じられないということになろう．必要性が感じられないのは，経営計画を策定する意味や効果が正しく理解されていないためと考えられる．また，作ろうとしている経営計画が大企業向けに書かれた実務書の内容を想定するならば，作成に割く人材はおらず，時間も費用も投入できないということであろう．

　実務書などで取り上げられる経営計画は，中小企業向けを標榜していても実際は大企業向けと変わらない内容であることが多い．これでは，経営資源とり

わけ人材が不足している中小企業に経営計画を作れというのは無理な注文である.

そこで,企業の発展段階や作成目的に応じた経営計画が必要となると考えられる.そうした視点からの先行研究はあまり見られないが,河野［1980］は参考となる研究である.河野は,計画を「変化の度合い」からみて大きな変化を行う革新と,小さな変化を行う改良と,維持とに分けて考えるべきと主張している.そして,その対象は,① 基本目標,② 製品市場戦略,③ 構造計画,④ 活動の計画という区別がある.それぞれの内容は,**表3-8**のとおりである［河野 1980：3-4］.

① 基本目標は,企業の価値を決めることである.
② 製品市場戦略は,企業と環境との関係をきめ,環境を選択し,環境に働きかけることである.
③ 構造計画（体質形成の計画）は,能力を形成することである.それは製品市場戦略を前提とする.
④ 活動の計画（生産・販売の反復活動）は,前述の製品市場戦略と構造計画を前提として能率的に資源処理を行うことであり,目標に対して短期的に成果を上げることである.

表3-8　経営計画の領域とその例示

変化の度合い／対象からみて	（a）革新	（b）改良	（c）維持
① 基本目標	経営理念の改革	経営理念の変化	社是社訓の制度
② 製品市場戦略	新製品開発・新市場の開拓	製品改良 広告宣伝	
③ 構造計画 （体質形成の計画）	組織の変革 新設備投資	組織の改良 人の採用 教育 設備の改良 規則・標準の改良	給与制度 設備の保守 生産・販売の規則・標準
④ 活動の計画 （生産・販売の反復活動）		動作研究	資材の購入計画 生産計画 販売計画 利益計画

出典：河野［1980：4］を参考に筆者作成.

河野の研究では，経営計画の内容と企業の発展段階との関係は必ずしも明らかではない．そこで，これまでの研究を踏まえて筆者の考える企業の発展段階と経営計画との関係を整理したものが**表3-9**である．

本書は，経営計画に対して，その作成ニーズや企業の発展段階が影響を与えるという視点にたつ．この点の詳細は第6章にて説明する．ただし，前章で取り上げた情報の非対称性緩和との関連について簡単に説明しておきたい．本書は中小企業においてはあまり作成，活用されていない経営計画をその定義の見直しや作成のニーズという観点から再構築することを試みている．その際，情報の非対称性理論に基づき，非対称性緩和のためのシグナリング手法として経営計画をとらえなおすことを提唱している．さらに，中小企業といってもその実態はきわめて多様であることから，1つの切り口として発展段階に着目し，

表3-9　企業の発展段階と経営計画との関係の整理

企業の発展段階	成長期	成熟期	第二創業期	衰退期
経営者のタイプ	企業家	管理者	企業家	管理者
組織文化	外部志向型	内部志向型	外部志向型	内部志向型
MCSの重点	会計コントロール	理念コントロール	会計コントロール 理念コントロール	会計コントロール
意思決定プロセスのタイプ	トップダウン	折衷（トップダウンとボトムアップ）	トップダウン	トップダウン
① 経営理念・ビジョン	経営理念の浸透	経営理念の見直し	経営理念の変革	経営理念の再確認
② 基本戦略・方針	市場開発	市場浸透 製品開発	製品開発 多角化	財務リストラ（縮小）
③ 組織体制・事業体質	組織の変革 人材育成の変革 新設備投資 技術導入	組織の改良 モチベーション向上 人材育成見直し 設備の改良 規則・標準の改良	経営者交代 新組織体制構築 新設備投資 即戦力採用	必要人員明確化および人員削減 経費見直し
④ 戦術（個別計画）	生産計画 販売計画 利益計画 設備投資計画 研究開発計画	生産計画 販売計画 利益計画 設備投資計画 研究開発計画	生産計画 販売計画 利益計画 設備投資計画 研究開発計画	生産計画 販売計画 利益計画 リストラ計画
情報の非対称性緩和との関係	対外的（・対内的）情報の非対称性緩和	対内的情報の非対称性緩和	対外的・対内的情報の非対称性緩和	対外的情報の非対称性緩和

出典：河野［1980］を参考に筆者作成．

各段階に有効な経営計画の策定内容や策定プロセス，さらにその実行方法等を
モデル化することを企図している．前章で論じたとおり，情報の非対称性には
対外的情報の非対称性と対内的情報の非対称性の2つがある．そして情報の非
対称性緩和の視点からは各段階においてどちらの非対称性緩和を重視するかに
よって区分することが可能と考える．つまり，作成ニーズとも関連するが，だ
れを読者とした経営計画にするのかということである．

表3-9のとおり，成長期は事業拡大意欲が強く資金調達ニーズが強いこと
から，対外的な情報の非対称性を緩和することにより金融機関からの資金調達
を円滑化する必要がある．また，経営者のリーダーシップはもちろん重要では
あるが，その方針や戦略を従業員に十分理解してもらい経営を遂行することが
求められるため，対内的な情報の非対称性緩和が必要になる場合も考えられる．

成熟期は，資金調達ニーズは縮小するが，従業員のモチベーションを高める
ために対内的な情報の非対称性緩和のための経営計画が必要になる．第二創業
期は，後継者が先代とは異なる事業に進出するための設備投資が必要になる
ケースや，後継者の経営方針や目標を浸透させる必要性から対外的・対内的と
もに情報の非対称性を緩和するような経営計画が求められよう．また，衰退期
は，経営改善計画を作成して資金調達を含む金融支援を受けることが先決とな
るため，対外的な情報の非対称性緩和につながるような経営計画が必要となる．

以上本章においては，中小企業における経営計画がその発展段階に応じて，
経営者の役割や経営戦略，さらに経営管理システム等が異なることを背景に求
められる内容が変化することを論じた．次章では，2014年および2016年に実施
したアンケート調査の結果に基づき分析を試みる．

注
1) 官僚制が人間を構成要素としている機構であることから，合理性や機能性を原則とし
   た組織であるといっても，そこに感情や意思が入ってくる．そこに機能を阻害する要因
   が生じ，官僚制の逆機能が生じる．小林末男責任編集［1996：95］．
2) Greiner［1972：邦訳76］．具体的にどのような状態を示すかは判然としないが，従業
   員を定期的に休ませ，生気を回復させるといった解決策を提示していることを考慮すれ
   ば，昨今注目されている「ワーク・ライフ・バランス」を重視した経営を提唱している
   のではないかと推察する．
3) 中堅企業に明確な規模的な定義はないが，清水［1986：2］によれば，「社長以外に

専門経営者を複数そろえ，それら経営者がその経営方針を独立に意思決定し，職能別組織もある程度でき上がり，金融機関からの信用も大きく，平均利潤率以上の利益をあげ，しかも未だ同族的性格をもちつづけている企業」を指す．

4）清水龍瑩［1995： 2］．経営者能力とは，「経営者の3つの機能，すなわち将来構想の構築・経営理念の明確化，戦略的意思決定，執行管理の機能を遂行するための経営者能力」をいう．

5）国税庁「会社標本調査結果　資本金階級別表」のデータによる．

6）中井［2009：15］によれば，事業承継された企業を「第二創業」と呼んでおり，筆者もこの見解を踏襲している．

7）牧戸・長谷［1999:97］では，経営者の資質を「経営者マインド」と呼び分析している．

8）梶原・新井・福嶋・米満［2011：72-79］によれば，東証一部上場の製造業に対する調査では，98％が策定している．

9）中小企業庁［2010：67-68］によれば，中小企業で売上・利益計画を立てているのは78％となっているが，筆者の経験からすれば，この数字はかなり高いと思われ，計画ではなく単なる予測数字と推察される．

| 第4章 | 中小企業における経営計画策定および実行に関する実態調査 |

1 アンケート調査の概要

(1) 調査の目的

中小企業における経営計画は，基本的に非公表であり外部の人間がその内容を知ることはできない．そこで本書では，企業にアンケートを送付するいわゆる郵送質問票調査により，研究関心である経営理念の内容と制定経緯，経営計画の内容と策定組織，開示状況，進捗管理方法および策定の効果等についてデータを収集した．

郵送質問票調査は，過去の調査との比較可能性を考慮して，中小企業診断協会 [1993] に準じて設計した[1]．送付先は，愛知県のホームページで公開されている中小企業経営革新計画承認企業[2]（以下経営革新計画承認企業と略す）のうち，すでに該当の計画が完了しているとみられる2005年（平成17年度）から2007年（平成19年度）の3年間に承認を受けた企業（1436社）の中から，ホームページ等で存在が確認できた企業514社に対して2014年4月4日に発送した．また，サンプル数を増やしてデータを補強するため，2014年調査で回答がなかった企業のうちホームページ等で存在が確認できた374社に対して2016年4月13日に改めて発送した．

経営革新計画承認企業を対象としたのは，当該企業（経営者）が新製品・商品開発や新事業進出等の事業意欲を有しており，実際に経営革新計画という経営計画を策定した経験を有する企業だからである．そのうち，2005年から2007年の3年間に承認を受けた企業であれば，すでに計画策定の対象となる3～5年を経過しており，経営計画策定および実行のメリット・デメリット等を判断

できると考えたからである.

（2）　回答企業の概要

　調査の結果，回収したサンプル数は92社，回収率は17.9％となった．業種別の構成は**表4-1**に記載のとおり製造業が多いものの，様々な業種から万遍なく回収できた．愛知県全体の産業別事業所数の構成比に対して承認された製造業が多いのは,これまでの中小企業支援制度は製造業を対象としたものが多く，過去の支援制度になじみのある企業が本制度を利用した可能性が考えられる.

　回答企業は，すべて経営革新計画承認企業であり，中小企業基本法上の中小企業であることは確かであるが，その企業規模に関しては**表4-2，4-3**のとおり多様である．また，本書は中小企業を発展段階別にとらえるという独自の視点で考察を進める関係上,回答企業には会社設立からの経過年数や従業員，

表4-1　回答企業プロフィール　業種内訳

業種別	社数（社）	構成比	愛知県産業別事業所数	同左構成比
製造業	46	50%	43,440	13%
卸売業・小売業	16	17%	86,436	25%
建設業	10	11%	31,658	9%
運輸業	6	7%	8,110	2%
その他	14	15%	173,983	51%
合　計	92	100%	343,627	100%

注：調査回答企業のその他業種14社の内訳は，情報通信業，専門・技術サービス業，不動産業，医療・福祉業，
　　生活関連サービス業，飲食サービス業．
出典：筆者による調査および平成25年度刊愛知県統計年鑑（http://www.aichi.pref.jp/0000068896.html
　　2015.1.27.確認）.

表4-2　回答企業プロフィール　従業員規模別内訳

従業員規模別	社数（社）	構成比	平均年商（千円）
20人以下	23	26%	296,242
21人～50人以下	29	33%	896,742
51人以上	37	41%	2,742,412
合計（未回答企業3）	89	100%	1,537,663

出典：筆者作成.

売上高などの増加率を参考に回答者の主観により発展段階を選択してもらった．その結果は**表4-4**のとおりである．

調査企業の妥当性は，以下の2点より説明可能と考える．

① 愛知県の経営革新計画承認企業を対象としており，局地的であるのは調査の限界といえる．また，サンプル数に関しても1回目に未回答だった企業に対して改めて郵送調査を実施したものの回答企業数は合計で92社にとどまっており統計的な検証には十分とは言えない．しかし，業種は製造業が約半数とやや偏りがあるものの，資本金規模，従業員規模等の多様性はあり日本の中小企業として一般化しうると考える．

② 経営革新承認企業は，新事業活動に取り組む意欲のある企業であり，申請に際して経営計画の作成実績がある．そうした企業を調査対象とすることは，中小企業全体から見れば経営管理レベルが高い企業群である可能性が高く，中小企業における経営計画のモデルを明らかにしようとする本書の目的を考えれば調査対象として妥当と考えられる．

表4-3　回答企業プロフィール　資本金規模別内訳

資本金規模別	社数（社）	構成比	平均年商（千円）
10百万円以下	39	42%	696,161
10百万円超30百万円以下	31	34%	1,406,614
30百万円超	22	24%	3,336,600
合計	92	100%	1,548,142

出典：筆者作成．

表4-4　回答企業プロフィール　発展段階別内訳

発展段階別	社数（社）	構成比	平均年商（千円）
創業期	2	2%	200,000
成長期	17	19%	2,368,551
成熟期	23	26%	1,978,046
第二創業期	41	46%	1,247,980
衰退期	6	7%	618,333
合計（未回答企業3）	89	100%	1,578,765

出典：筆者作成．

2 分析手法

今回行った「中小企業における経営計画の策定および実行に関するアンケート」（以下，本調査）の結果を分析することにより，中小企業が経営環境の変化に対応しながらどのように経営計画を策定し，機能させているかを明らかにするために，次のような比較層別要因ならびに比較指標の検討を行った．

（1） 比較層別要因の選定

中小企業における経営計画の策定手続と実行状況を分析するに当たり回答企業をどのように層別化すべきかを検討する必要がある．層別要因としては，業種別，地域別，従業員規模別，代表者年齢別等が考えられる．中小企業診断協会［1993：51］では，「従業員規模階層別」と「代表者年齢階層別」について検討されている．本書は企業の発展段階と経営理念・経営計画との関係を中心に分析することを企図していることから，層別としては「発展段階別」および比較対象として「従業員規模階層別」「資本金規模別」「業種別」を参照することにした．なお，発展段階は回答企業の主観的判断に基づいている（その他の属性ごとの調査結果は付属資料を参照のこと）．

中小企業診断協会［1993：52］の調査における規模区分は，従業員50人以下を小規模階層，同51人以上150人以下を中規模階層，同151人以上300人以下を中堅規模階層として分類しているが，本調査の回答企業はそれに比べると小ぶりの企業が多いことから**表4-2**のとおりの区分とした．このように区分した理由は，中小企業基本法における小規模事業者の定義が「製造業その他」の業種分類では従業員20人以下（商業・サービス業は5人以下）となっていること，従業員規模50人を超えると中小企業の経営管理が確立されてくるという経験則を踏まえたこと[3]，また回答企業数の構成比率のバランスも考慮した結果である．

資本金については，回答企業数の構成比率のバランスを考慮して，1000万円以下，1000万円超3000万円以下，3000万円超の3段階とした．なお，回答企業はすべて資本金1億円以下となっている．

第4章　中小企業における経営計画策定および実行に関する実態調査　　*89*

表4-5　比較指標一覧表

比較目的	指標名	算　式
回答事項別順位比較	調査項目ごとの当該事項選択回答企業比率	当該調査事項選択回答企業数/当該調査項目有効回答企業数
発展段階別比較	発展段階別選択回答企業比率	発展段階別当該調査事項選択回答企業数/発展段階別当該調査項目有効回答企業数
従業員規模階層別比較	従業員規模階層別選択回答企業比率	従業員規模階層別当該調査事項選択回答企業数/従業員規模階層別当該調査項目有効回答企業数
資本金規模階層別比較	資本金規模階層別選択回答企業比率	資本金規模階層別当該調査事項選択回答企業数/資本金規模階層別当該調査項目有効回答企業数
業種別比較	業種別選択回答企業比率	業種別当該調査事項選択回答企業数/業種別当該調査項目有効回答企業数

出典：中小企業診断協会［1993：53］を参考に筆者作成.

（2）　比較指標の選定および指標値比較方法

　次に比較指標として何を選び，どのように比較すべきかについて検討した.
その際，先行研究である中小企業診断協会［1993］を参照し，できるだけ比較
検討できるように考慮した．まず，アンケート調査項目ごとの当該調査事項の
選択回答企業数比率の高いほうから列挙し，回答事項の順位より中小企業の経
営計画の現状を把握する．また，アンケートの各調査事項を発展段階別，従業
員規模階層別，資本金規模階層別および業種別に当該調査事項回答企業数がそ
の階層の有効回答企業数に占める割合により，段階別，規模階層別にどのよう
に異なるかを把握することにした．なお，発展段階別については，創業期，衰
退期のサンプル数が少なくデータの信頼性が低いと考えられることから成長
期，成熟期および第二創業期を分析対象としている.

　以上をまとめると**表4-5**のとおりである．ただし，「調査項目」とはアンケー
トの調査項目を指し，「調査事項」とはアンケート調査項目内の内訳内容を指
すものとする.

3　経営計画の策定と実行状況の実態

（1）　分析の視点

　アンケート調査に示された中小企業における経営計画の策定と実行状況の実
態を分析するにあたり，中小企業診断協会［1993：56］にならい次の3つの視

点をとることにした.

① 第1の視点

　・経営計画にどのような対応をしている企業が多いか

　調査項目ごとの調査事項に関して選択回答企業比率の高い事項から列挙し，調査事項の順を把握する.

② 第2の視点

　・経営計画の策定について，発展段階別に差異が認められるか

　・経営計画の策定について，従業員規模別に差異が認められるか

　・経営計画の策定について，資本金規模別に差異が認められるか

　・経営計画の策定について，業種別に差異が認められるか

　調査項目内の各調査事項選択回答企業比率に発展段階別または企業規模階層別および業種別差異が認められるかを把握する.

表4-6　経営計画の策定及び実行に関する分析項目一覧表

アンケートによる調査項目		選択回答順位比較	調査項目別調査事項選択回答企業比率比較			
			発展段階	従業員規模	資本金規模	業種
経営計画策定	計画策定の有無	○	○	○	○	○
	策定しない理由	○	○	○	○	○
	経営理念の内容	○	○	○	○	○
	理念の制定時期	○	○	○	○	○
	理念の制定メンバー	○	○	○	○	○
	計画の期間	―	○	○	○	○
	計画の内容	―	○	○	○	○
	目標設定根拠	○	○	○	○	○
	計画策定組織	○	○	○	○	○
	策定時の外部支援	○	○	○	○	○
	計画の社内開示方法	○	○	○	○	○
	計画の社外開示	○	○	○	○	○
	計画の社外開示先	○	○	○	○	○
計画実行	差異分析実施の有無	○	○	○	○	○
	差異分析実施サイクル	―	○	○	○	○
	差異分析実施メンバー	○	○	○	○	○
	計画策定の効果	○	○	○	○	○

注：○印の欄について分析している.
出典：中小企業診断協会［1993：57］を参考に筆者作成.

③ 第3の視点
　・経営計画の実行について，発展段階別に差異が認められるか
　・経営計画の実行について，従業員規模別に差異が認められるか
　・経営計画の実行について，資本金規模別に差異が認められるか
　・経営計画の実行について，業種別に差異が認められるか
　②と同様に調査項目内の各調査事項選択回答企業比率に発展段階別または企業規模階層別および業種別差異が認められるかを把握する．

　アンケートによる調査項目[4]については**表4−6**のとおりである．上記の3つの視点を踏まえて，次項以下にて説明する．なお，中小企業診断協会［1993］の調査項目と比較可能なデータ（選択回答企業比率）については，参考指標として該当の表に「1993年調査」と掲載した．

（2）　経営計画の策定に関する分析

経営計画策定の有無

　経営計画策定の有無，策定しない理由の2点について実態を把握した．まず経営計画策定の有無（**表4−7**）については，80%の企業が策定していると回答しており，経営革新計画承認企業という調査母体の属性が影響していると考えられるが，かなり高い比率となっている．1993年の調査においても，策定している企業は77%であり，調査対象企業が異なるため一概には言えないものの，比較的多くの企業が経営計画の策定に取り組んでいることがわかる[5]．

　次に経営計画を策定しない理由としては，1993年調査では「必要性を感じない」がもっとも多いが，本調査では「適切なスタッフがいない」がもっとも多かった．次いで，「必要性を感じない」，「策定の仕方がわからない」の順となっ

表4−7　経営計画策定の有無

回答順位	経営計画策定の有無	選択回答企業比率		回答結果			
		1993年調査（参考）	本調査	発展段階	従業員規模	資本金規模	業種
1	策定している	77%	80%	策定している企業は成熟期がもっとも少ない.	規模が大きいほど策定比率が高い.	1000万円以下の企業の策定比率が69%と低い.	建設業の策定企業が50%と極端に低い.
2	策定していない	23%	13%				
3	以前は策定していた	（データなし）	7%				

出典：筆者による調査および中小企業診断協会［1993：57］．

ている（**表4-8**）.

経営理念に関する実態

　経営理念の内容，理念制定の時期および理念形成における経営者の役割について実態を把握した．まず経営理念の内容について，取り込まれている項目の順位と企業属性別の特徴は**表4-9**のとおりである．

表4-8　経営計画を策定しない理由（複数回答）

回答順位	策定しない理由	選択回答企業比率		回答結果			
		1993年調査（参考）	本調査	発展段階	従業員規模	資本金規模	業種
1	社内に適切なスタッフがいない	33%	33%	成熟期は，「必要性を感じない」を選択した企業が，60％と高く，第二創業期は，「適切なスタッフがいない」を選択した企業が43%となっている.	20人までの小規模企業は「適切なスタッフがいない」を選択した企業が50%と高い. 規模が大きくなるにつれて，「必要性を感じない」の比率が高まる.	3000万円以下の企業では，「適切なスタッフがいない」の比率が高く，3000万円超は「必要性を感じない」が100％となっている.	製造業で「必要性を感じない」が57%と高い以外特徴はみられない.
2	必要性を感じない	43%	28%				
3	策定の仕方がわからない	17%	17%				
4	内部資料が整備されていない	17%	6%				
5	その他	（データなし）	33%				

出典：筆者による調査および中小企業診断協会［1993：58］.

表4-9　経営理念の内容（複数回答）

回答順位	経営理念の内容	選択回答企業比率	回答結果			
		本調査	発展段階	従業員規模	資本金規模	業種
1	顧客満足	78%	顧客満足に関する内容は成熟期が86%ともっとも高い. 人材の強化・育成は成長期が71%と突出して高いのが特徴的である.	顧客満足に関する内容は，21〜50人が89％と高い. 人材強化・育成は51人以上が61%と高いのが目立つ.	顧客満足に関する内容は，資本金規模が大きいほど高くなっており，3000万円超が86％となっている. 人材の強化・育成は3000万円超がやや低い程度.	顧客満足に関する内容は，その他が57%と低い以外特徴なし. 品質・製品安全については建設業が78%と突出して高い
2	人材の強化・育成	49%				
3	地域社会への貢献	48%				
4	品質・製品安全	43%				
4	従業員満足	43%				
6	従業員の行動指針	39%				
7	収益力強化	17%				
8	その他	4%				

出典：筆者作成.

項目別の選択回答企業比率では，顧客満足が突出しているのが目立つ．ちなみに，1993年調査で「重点を置いている経営理念」という項目では，顧客満足度（CS）が69％ともっとも高く，次いで「人材の強化」（61％），「収益力の強化」（57％），「品質・製品安全性の強化」（50％）となっていた．

　経営理念の制定時期については**表4-10**のとおりである．制定時期は，創業者または創業者以外の経営者が制定を選択した企業が拮抗しているが，創業者以外の経営者が制定と回答した企業がやや多い．

　経営理念の制定メンバーについては**表4-11**のとおりである．1993年調査では，「役員と協議して決定」を選択した企業がもっとも多く，「経営者自身が決定」は2番目だったが，2014年調査では，「経営者自身が決定」が76％と突出している．これは，1993年調査に比べてやや小規模の企業が調査対象として多いことがその要因として考えられる．

表4-10　経営理念の制定時期（複数回答）

回答順位	経営理念の制定時期	選択回答企業比率 本調査	回答結果 発展段階	従業員規模	資本金規模	業種
1	創業者以外の経営者（2代目以後）が制定	51％	成長期は，創業者が75％，成熟期は創業者以外が65％となっている．	規模の大小による特徴は見られない．	1000万円以下と3000万円超は創業者が制定のほうが高い．	建設業とその他では，創業者が制定のほうが高くなっている．
2	創業者が制定	44％				
3	わからない	8％				

出典：筆者作成．

表4-11　経営理念の制定メンバー

回答順位	経営者の役割	選択回答企業比率 1993年調査（参考）	本調査	回答結果 発展段階	従業員規模	資本金規模	業種
1	経営者自身が決定	37％	76％	経営者自身が決定はやや成長期が65％と低い一方，成熟期は83％と高くなっている．	規模が小さいほど経営者自身が決定した割合が高い．	規模が大きいほど経営者自身が決定した割合が高い．	建設業は，経営者自身が決定した割合が90％と高い．逆に運輸業は50％と低くなっている．
2	役員と協議して決定	44％	15％				
3	管理スタッフと協議して決定	21％	9％				
4	わからない	（データなし）	3％				

出典：筆者による調査および中小企業診断協会［1993：61］．

経営計画の期間と内容

経営計画期間を次のように，短期計画，中期計画，長期計画に分け，どの期間の計画を策定しているかについて，および計画に含まれる個別の内容および目標設定の根拠数字について実態を把握した．

　　短期計画：1年以内の計画
　　中期計画：1年～4年未満の計画
　　長期計画：4年以上

まず，経営計画の期間については**表4-12**のとおりである．1993年調査では短期計画を策定している企業がもっとも多く，次いで中期計画，長期計画という順番であり，策定の難易度から考慮すると理解できる順位となっていた．しかし，本調査では中期計画がもっとも高いという結果になっている．これは，調査対象企業が経営革新計画という3年～5年程度の計画を策定した実績を有していることが影響していると考えられる．

次に経営計画の個別内容については**表4-13**のとおりである．経営計画の内容は，全社利益計画がもっとも高く75％となっている．経験的に，経営計画の策定というのは会社全体の売上と利益の目標ないし計画数値を定めていることを指していることが多く，これを裏付ける結果となっている．次いで，経営計画策定において経営理念，経営ビジョン，経営目標，および経営方針を設定している回答企業はいずれも全体の6割を超えた．

表4-12　経営計画の期間（複数回答）

項目番号	経営計画の期間	選択回答企業比率		回答結果			
		1993年調査（参考）	本調査	発展段階	従業員規模	資本金規模	業種
1	短期計画	53%	49%	短期計画は成熟期がもっとも高く67％，中期計画は第二創業期が82％と突出している．	短期計画は21～50人がもっとも高く59％，中期計画は20人以下が87％と高い．	短期計画は1000万円超3000万円以下が61％と高く，中期計画は1000万円以下が70％とやや高い．	短期計画は卸売・小売業が79％と極めて高いのが特徴的である．
2	中期計画	45%	65%				
3	長期計画	31%	23%				

出典：筆者による調査および中小企業診断協会［1993：70］．

第4章　中小企業における経営計画策定および実行に関する実態調査　　95

表4-13　経営計画の内容（複数回答）

項目番号	経営計画の内容	選択回答企業比率 本調査	回答結果 発展段階	従業員規模	資本金規模	業種
1	経営理念	62%	成長期は，全社利益計画が73%でもっとも高く，次いで経営ビジョン，経営目標，人員計画が60%となっている。成熟期は経営方針が83%と高く，次いで全社利益計画が73%となっている。第二創業期は，全社利益計画が81%，次いで経営目標が78%である。	20人以下は，全社利益計画と経営ビジョンが81%，次いで経営理念と経営目標が75%となっている。21〜50人は，経営目標が87%，全社利益計画と経営方針が83%となっている。51人以上は際立った特徴がない。	1000万円以下は，経営ビジョンが77%ともっとも高く，次いで経営目標の73%である。1000万円超3000万円以下は，全社利益計画と経営方針が82%と高く次いで経営目標の79%となっている。3000万円超は，全社利益計画が79%でもっとも高い。	製造業は，経営方針が81%でもっとも高く，次いで経営目標の78%となっている。卸売・小売業は，全社利益計画が93%と突出しており，次いで経営目標と反閲計画が79%となっている。建設業は，全社利益計画が100%であり，次いで経営目標の83%となっている。
2	経営ビジョン	64%				
3	経営環境分析	38%				
4	経営目標	73%				
5	経営方針	70%				
6	経営戦略	58%				
7	全社利益計画	75%				
8	部門別利益計画	43%				
9	人員計画	38%				
10	資金計画	42%				
11	設備投資計画	31%				
12	生産計画	23%				
13	販売計画	43%				
14	仕入（資材・外注）計画	8%				
15	製品開発計画	14%				
16	全社活動計画	38%				
17	部門別活動計画	35%				
18	その他	3%				

出典：筆者作成。

　調査企業においては，こういった項目を中心に全社的な観点から経営計画が策定されているものと想定される。ここで留意すべき点は，経営環境分析が38%にとどまっており，あまり活用されていないことである。実務的には，経営計画や経営戦略を策定する場合には，前述のSWOT分析と呼ばれる経営環境分析を行うことが一般的である。しかしながら，調査結果を見る限り，自社の外部環境や内部環境に対する適切な現状把握のないままに，経営戦略を検討しその実現のための計画を策定していることになる。これでは，経営環境に適応できる経営計画となっているのか疑わしいといわざるを得ない。

　次に，目標設定の根拠数字については表4-14のとおりである。もっとも多いのは前年実績の82%であり，次いで市場動向の60%となっている。ある程度市場動向を考慮しながら前年実績を踏まえて計画数字を決めているというのが実態であろう。

表 4 -14　目標設定の根拠数字 (複数回答)

回答順位	目標設定の根拠数字	選択回答企業比率	回答結果				
		本調査	発展段階	従業員規模	資本金規模	業種
1	前年実績	82%	成長期は，前年実績を根拠とする割合が73%とやや低い一方，受注先からの計画数字が33%とやや高くなっている．	20人以下の市場動向を根拠とする割合が38%，受注先からの計画数字が6%と低い以外は目立った特徴なし．	3000万円以上の市場動向を根拠とする割合が47%とやや低く，受注先からの計画数字が37%とやや高い以外目立った特徴なし．	卸売・小売業が定率での増加が29%と高い一方，受注先からの計画数字が7%と低い．運輸業は受注先からの計画数字が60%と突出して高い．
2	市場動向	60%				
3	受注先からの計画数字	25%				
4	定率での増加	12%				
5	その他	5%				

出典：筆者作成．

経営計画の策定組織

経営計画の策定組織に関して実際に取り組むメンバーと外部専門家からの支援の状況について実態を把握した．まず，経営計画の策定組織については**表 4 -15**のとおりである．1993年調査とは選択項目が異なるため比較は難しいが，回答順位が下がるにつれて組織的な対応になっていることがうかがえる．調査

表 4 -15　経営計画の策定組織 (複数回答)

回答順位	経営計画の策定組織	選択回答企業比率		回答結果			
		1993年調査（参考）	本調査	発展段階	従業員規模	資本金規模	業種
1	社長が1人で作成	（データなし）	39%	「社長が1人で作成する」割合は，成熟期が50%ともっとも高い．	規模が小さいほど「社長が一人で作成する」割合が高く，20人以下では59%となっている．51人以上では，「役員・管理職が個別に作成」が50%となっている．	規模が小さいほど，「社長が一人で作成」が多いものの，1000万円以下で47%であり，際立った特徴ではない．	卸売・小売業，建設業，その他では，「社長が一人で作成」よりも，「役員・管理職が個別に策定」のほうが高い割合である．
2	役員・管理職が個別に策定	52%	36%				
3	委員会・プロジェクトチーム等を編成	28%	17%				
4	経営企画部門	10%	5%				
5	その他	（データなし）	8%				

出典：筆者による調査および中小企業診断協会 [1993：65]．

第4章　中小企業における経営計画策定および実行に関する実態調査　97

対象となっている企業群の企業規模が1993年調査に比べて小さいことが影響していると考えられる.

　次に経営計画策定時の外部支援の状況については**表4-16**のとおりである. 1993年調査に比べて外部専門家の支援を受ける企業が多くなっていることがわかる. 経営革新計画の策定に際して, 中小企業診断士や税理士など外部専門家の支援を仰ぐケースが多いと考えられることから, 継続的に外部専門家が関与している企業も調査企業においては増えていることが想定される.

経営計画開示の実態

　経営計画を社内ではどのように開示しているか, また社外への開示の状況およびその開示先について実態を把握した. まず, 社内での開示方法は**表4-17**のとおりである.

　1993年調査では,「すべての従業員に開示」と「中間管理職 (課長以上) に開示」の2択での選択肢となっており, それぞれ50%と48%とほぼ半数の回答であった. 本調査では細かく聴取しているが, 全従業員に開示している企業が経営計画発表会と書面との合計で64%と多くなっている.

　次に, 社外開示の状況は**表4-18**のとおりである. 1993年調査では, 社内のみ開示の企業が6割近くを占めていたが, 本調査では社外関係者に開示が75%と大幅に高くなっている. 発展段階別では, 成熟期は資金需要がそれほど強くないため金融機関を中心に社外への開示ニーズが低いことが想定される.また,

表4-16　経営計画策定時の外部支援

回答順位	策定時の外部支援	選択回答企業比率		回答結果			
		1993年調査（参考）	本調査	発展段階	従業員規模	資本金規模	業種
1	社内スタッフのみ	77%	67%	「社内スタッフのみ」は, 成長期が87%と高い一方, 第二創業期は56%と低い.	規模が大きくなるにつれて「社内スタッフのみ」の割合が高くなっており, 51人以上で80%である.	規模別に際立った特徴は見られない.	建設業は,「社内スタッフのみ」と「外部専門家の支援を受けつつ社内」が50%となっているのが特徴的である.
2	外部専門家の支援を受けつつ社内で策定	22%	28%				
3	外部専門家に策定依頼	(データなし)	5%				

出典：筆者による調査および中小企業診断協会 [1993：65].

表4-17 経営計画の社内開示方法（複数回答）

回答順位	社内開示方法	選択回答企業比率 本調査	回答結果			
			発展段階	従業員規模	資本金規模	業種
1	経営計画発表会で全従業員に開示	46%	成長期は「経営計画発表会で管理職以上に開示」している割合が53%と高い一方、全社員には27%の開示にとどまる。	規模が小さいほど「経営計画発表会で全社員に開示」が多く20人以下では約6割となっている。	資本金3000万円超では、「経営計画発表会で管理職以上」に37%が開示している一方、全社員には16%にとどまる。	運輸業では、「経営計画発表会で管理職以上に開示」が60%と高く、「全社員に開示」は20%となっている。
2	経営計画発表会で管理職以上に開示	25%				
3	書面で全従業員に開示	18%				
4	書面で管理職以上に開示	17%				
5	その他	3%				

出典：筆者作成。

表4-18 経営計画の社外開示

回答順位	経営計画の社外開示	選択回答企業比率		回答結果			
		1993年調査（参考）	本調査	発展段階	従業員規模	資本金規模	業種
1	社外関係者に開示	43%	75%	成熟期は、社内のみが44%となっている。	規模が大きくなるほど社内のみが高くなる。	規模による特徴は見られない。	業種による特徴は見られない。
2	社内のみ	57%	25%				

出典：筆者による調査および中小企業診断協会［1993：68］。

表4-19 経営計画の社外開示先（複数回答）

回答順位	社外開示先	選択回答企業比率		回答結果			
		1993年調査（参考）	本調査	発展段階	従業員規模	資本金規模	業種
1	取引金融機関	63%	93%	第二創業期は「取引金融機関への開示」が100%となっている。成熟期は80%とやや低い。	規模が小さいほど「取引金融機関への開示」が高くなっており、20人以下は100%である。	3000万円超では、「株主への開示」が53%と突出して高い。	建設業では「株主への開示」が75%と突出して高い。
2	株主	21%	24%				
3	販売先（受注先）	42%	7%				
3	仕入先（外注先）	26%	7%				
3	その他	（データなし）	7%				

出典：筆者による調査および中小企業診断協会［1993：68］。

第4章　中小企業における経営計画策定および実行に関する実態調査　　*99*

従業員規模が大きくなるほど，金融機関との力関係により融資に際して書面での開示をあまり求められなくなることが考えられる[6]．

　社外開示の相手先については**表4-19**のとおりである．本調査では，社外開示先として取引金融機関が突出しており，100％に近い企業が選択している．

　1993年調査との比較では，取引金融機関が多いのは同様であるが，販売先と仕入先に関してはかなり低くなっている．これは，取引関係が従来よりも系列等にしばられない緩やかな関係になってきていることが考えられよう．

（3）　経営計画の実行に関する分析

目標との差異分析

　経営計画で掲げた目標の差異分析は実施しているのか，実施サイクルはどうか，また実施メンバーの実態を把握した．まず，差異分析の実施の有無については**表4-20**のとおりである．

　1993年調査とほぼ同様の結果であった．経営計画を策定している企業は，ほとんどが計画を作っただけで終わらせているのではなく，実際に運用していることがわかる．

　次に，差異分析の実施サイクルについては**表4-21**のとおりである．1993年調査と比べて割合は低下したものの，毎月が本調査でも55％を占めている．毎月実施している企業についてみてみると，発展段階別では成熟期がもっとも低いが，業績が安定していてあまり変化がないため，四半期に1回程度のフォローでも問題ないという企業が多いためと考えられる．一方，経営環境の変化（市場の成長）が特に激しい成長期企業においては，タイムリーな業界動向の把握

表4-20　経営計画の差異分析実施の有無

回答順位	経営計画の差異分析実施の有無	選択回答企業比率		回答結果			
		1993年調査（参考）	本調査	発展段階	従業員規模	資本金規模	業種
1	実施している	96％	95％	第二創業期のみ実施していない企業があった．	規模による特徴は見られない．	規模による特徴は見られない．	業種による特徴は見られない．
2	実施していない	4％	5％				

出典：筆者による調査および中小企業診断協会［1993：73］.

表 4 -21　差異分析の実施サイクル

項目番号	差異分析の実施サイクル	選択回答企業比率		回答結果			
		1993年調査（参考）	本調査	発展段階	従業員規模	資本金規模	業種
1	毎月	72%	55%	成熟期で毎月実施している企業が39%と低い一方，成長期は73%と高くなっている．	20人以下で「年1回実施」が33%とやや高い．	3000万円超は，「毎月実施」が67%と高く，1000万円以下は「年1回」が32%とやや高い．	製造業では「毎月実施」が39%とやや低く，建設業では「年1回」が40%と高い．
2	四半期ごと	12%	18%				
3	半年に1回	13%	14%				
4	年1回	8 %	18%				

出典：筆者による調査および中小企業診断協会［1993：73］．

表 4 -22　差異分析の実施メンバー（複数回答）

回答順位	差異分析の実施メンバー	選択回答企業比率	回答結果			
		本調査	発展段階	従業員規模	資本金規模	業種
1	管理職以上	47%	管理職以上は，成長期，成熟期，第二創業期と進むにつれて高くなっている．	規模が大きくなるほど管理職以上が高くなっている．	管理職以上は，1000万円以上3000万円以下が63%ともっとも高くなっている．	卸売・小売業と建設業では管理職以上が65%程度と高い．
2	部長以上	19%				
3	役員	18%				
4	社長のみ	12%				
5	その他	5 %				

出典：筆者作成．

と分析が求められるため，差異分析を頻繁に行う必要があると考えられる．

　差異分析の実施メンバーについては**表 4 -22**のとおりである．差異分析の実施メンバーは「管理職以上」が47%でもっとも高くなっている．これは，中堅幹部クラスの従業員には経営参画意識を身につけさせたいとの意向があるものと想定される．「管理職以上」に関して発展段階別では第二創業期がピーク，従業員規模別では規模連動となっている．企業としての歴史を重ねるほど，また，従業員規模が大きくなるほど経営に従業員を巻き込む割合が高くなることを示している．

　経営計画策定・実行の効果

　質問の最後は経営計画策定・実行の効果である．その結果は**表 4 -23**のとおりとなっている．

第4章　中小企業における経営計画策定および実行に関する実態調査　*101*

表4-23　経営計画策定の効果（複数回答）

回答順位	経営計画策定の効果	選択回答企業比率 本調査	回答結果			
			発展段階	従業員規模	資本金規模	業種
1	到達目標や行動指針を従業員が理解することでモチベーションが上がった	68%	「モチベーションが上がった」は,成熟期がもっとも低く,成長期,第二創業期の順位高くなる.「金融機関からの評価」は第二創業期が50%とやや高くなっている.	金融機関からの評価は,20人以下が65%と突出して高い.51人以上では,「マネジメント能力向上」が46%とやや高くなっている.	1000万円以下では,「モチベーション向上」よりも「金融機関からの評価」のほうが高く60%となっている.「モチベーション向上」は規模が大きいほど高くなっている.	「モチベーション向上」は,建設業とその他が83%と高い一方,運輸業は40%と突出して低い.
2	金融機関からの評価が上がり,融資が受けやすくなった	40%				
3	策定に関与することで従業員のマネジメント能力が向上した	32%				
4	策定する前に比べ業績が良くなった	23%				
5	取引先からの評価が上がり,受注しやすくなった	3%				
6	その他	11%				

出典：筆者作成.

　経営計画策定の効果は,「従業員のモチベーションが上がった」がトップで68％を占めた. 次いで,「金融機関からの評価が上がった」(40%),「従業員のマネジメント能力が向上した」(32%) となっており, 総じて対外的な効果よりも対内的な効果の方が高い傾向を示している.

　以上のとおり, 中小企業における経営計画策定・実行によって「従業員のモチベーションを上げる」という効果を7割近くの企業が認識しているということがわかった. 学術的には, 中小企業には経営管理はなじまないとか, 管理会計は不要といった主張がなされるが, 経営管理の基本であり管理会計制度を抜きにしては運用が難しい経営計画を中小企業が策定し, その効果を認識しているということが明らかになったことは本書の大きな意義と考えられる.

　一方,「従業員のマネジメント能力が向上した」に関しては, 3割強の企業しか効果を認識していない. 経営計画を人材育成や幹部教育のツールとして活用するという視点が依然として浸透していないものと考えられる.

4 調査から見えてくる経営計画の位置づけ

（1） 明らかにすべき知見

本書の研究関心は，中小企業の経営計画における経営理念の位置づけの明確化などその内容の進化を明らかにすることと，中小企業の発展段階ごとに経営計画の策定内容，策定プロセス，実行状況がどのように異なるかを情報の非対称性緩和の視点から整理することにある．第3章で検討した発展段階に応じた経営計画の内容を踏まえて明らかにすべき知見をまとめると，以下のとおり整理することができる．

知見1：成長期よりも成熟期・第二創業期と段階を経るにつれて経営計画における策定項目に経営理念が盛り込まれるなど内容の充実度が高い経営計画となる．

知見2：成長期の経営計画は，対外的な情報の非対称性緩和を主目的に，対内的な情報の非対称性緩和にも配慮した内容，プロセス，実行となっている．

知見3：成熟期の経営計画は，対内的な情報の非対称性緩和を主目的とする内容，プロセス，実行となっている．

知見4：第二創業期の経営計画は，対外的な情報の非対称性と，対内的な情報の非対称性双方に配慮した内容，プロセス，実行となっている．

情報の非対称性緩和の視点から考察の対象となる質問項目をあげると以下のとおりになると考えられる．それぞれの項目の発展段階別のデータを示す．

・経営計画策定の有無（**表4-24**）

・経営計画の内容（**表4-25**）

・経営計画の策定組織（**表4-26**）

・経営計画の社内開示方法（**表4-27**）

・経営計画の社外開示（**表4-28**）

・経営計画の社外開示先（**表4-29**）

・経営計画の差異分析実施の有無（**表 4 -30**）

・差異分析の実施メンバー（**表 4 -31**）

・経営計画策定の効果（**表 4 -32**）

表 4 -24　経営計画策定の有無

発展段階	合計	成長期	成熟期	第二創業期
サンプル数	81	17	23	41
策定している	83%	88%	78%	83%
策定していない	11%	6 %	17%	10%
以前は策定していた	6 %	6 %	4 %	7 %

出典：筆者作成.

表 4 -25　経営計画の内容（複数回答）

発展段階	合計	成長期	成熟期	第二創業期
サンプル数	69	15	18	36
経営理念	62%	40%	67%	69%
経営ビジョン	61%	60%	44%	69%
経営環境分析	33%	13%	39%	39%
経営目標	71%	60%	67%	78%
経営方針	70%	53%	83%	69%
経営戦略	57%	33%	61%	64%
全社利益計画	75%	73%	67%	81%
部門別利益計画	45%	53%	39%	44%
人員計画	39%	60%	22%	39%
資金計画	42%	47%	39%	42%
設備投資計画	33%	20%	33%	39%
生産計画	25%	27%	17%	28%
販売計画	45%	53%	50%	39%
仕入（資材・外注）計画	9 %	0 %	6 %	14%
製品開発計画	15%	27%	11%	11%
全社活動計画	35%	27%	39%	36%
部門別活動計画	35%	27%	28%	42%
その他	3 %	0 %	6 %	3 %

出典：筆者作成.

表 4 -26　経営計画の策定組織 （複数回答）

発展段階	合計	成長期	成熟期	第二創業期
サンプル数	70	15	18	37
社長が 1 人で作成	40%	40%	50%	35%
特定の組織を設けず，役員・管理職が個別に策定	39%	47%	22%	43%
委員会・プロジェクトチーム等横断的組織を編成	16%	13%	11%	19%
経営企画部門	6 %	7 %	6 %	5 %
その他	6 %	0 %	17%	3 %

出典：筆者作成.

表 4 -27　経営計画の社内開示方法 （複数回答）

発展段階	合計	成長期	成熟期	第二創業期
サンプル数	70	15	18	37
経営計画発表会で全従業員に開示	44%	27%	50%	49%
経営計画発表会で管理職以上に開示	24%	53%	17%	16%
書面で全従業員に開示	19%	20%	22%	16%
書面で管理職以上に開示	19%	7 %	17%	24%
その他	1 %	0 %	6 %	0 %

出典：筆者作成.

表 4 -28　経営計画の社外開示

発展段階	合計	成長期	成熟期	第二創業期
サンプル数	70	15	18	37
社外関係者に開示	73%	87%	56%	76%
社内のみ	27%	14%	44%	24%

出典：筆者作成.

表 4 -29　経営計画の社外開示先 （複数回答）

発展段階	合計	成長期	成熟期	第二創業期
サンプル数	51	13	10	28
取引金融機関	92%	85%	80%	100%
株主	24%	23%	30%	21%
販売先 （受注先）	6 %	8 %	0 %	7 %
仕入先 （外注先）	6 %	0 %	10%	7 %
その他	4 %	0 %	0 %	7 %

出典：筆者作成.

第4章　中小企業における経営計画策定および実行に関する実態調査　　*105*

表4-30　差異分析実施の有無

発展段階	合計	成長期	成熟期	第二創業期
サンプル数	70	15	18	37
実施している	94%	100%	100%	89%
実施していない	6%	0%	0%	11%

出典：筆者作成.

表4-31　差異分析の実施メンバー（複数回答）

発展段階	合計	成長期	成熟期	第二創業期
サンプル数	67	15	18	34
管理職以上	51%	40%	44%	59%
部長以上	19%	33%	22%	12%
役員	18%	13%	22%	18%
社長のみ	10%	13%	6%	12%
その他	3%	0%	6%	3%

出典：筆者作成.

表4-32　経営計画策定の効果（複数回答）

発展段階	合計	成長期	成熟期	第二創業期
サンプル数	68	14	18	36
到達目標や行動指針を従業員が理解することでモチベーションが上がった	69%	64%	61%	75%
金融機関からの評価が上がり，融資が受けやすくなった	40%	21%	33%	50%
策定に関与することで従業員のマネジメント能力が向上した	34%	36%	22%	39%
策定する前に比べ業績が良くなった	24%	29%	6%	31%
取引先からの評価が上がり，受注しやすくなった	3%	7%	0%	3%
その他	9%	0%	17%	8%

出典：筆者作成.

（2） 知見の確認

知見 1 の確認

アンケート調査結果によれば，経営計画の中に経営理念が含まれる企業は，成長期が40％なのに対して，成熟期は67％，第二創業期は69％であり成長期のみが低い特徴的な数値となっている（**表 4 -25**）．この質問は，経営理念自体の有無を聞いているわけではないので留意が必要である．

ただし，経営の神様といわれた松下幸之助ですら，1918年に起業した当初から経営理念を掲げていたわけではなく，経営理念について模索し始めたのは従業員が100名を超えたころからであり，実際に形となるのは経営の基本方針というべき「綱領」と仕事の心構えを示す「信条」が確立された1929年である．そして1932年に松下電器（現パナソニック㈱）の根本理念である「産業人の使命」を掲げ，真使命を知る「命知元年」と定めた．以後この真使命を達成するために建設時代10年，活動時代10年，社会への貢献時代 5 年，合わせて25年を 1 節とし，これを10節繰り返すという壮大な250年計画を提示したのである[7]．

経営理念とは，経営者の様々な悩みや葛藤の中から生み出されるものであり，どこかの本から引用した美辞麗句ではない．もちろん，当初から思いのこもった経営理念を掲げる経営者が存在することを否定しないが，一般的には，ある程度の経営者としての経験を踏まえて確立されるものであろう．そういう意味では，アンケート調査結果のように，成長期の経営計画には経営理念が必ずしも含まれていないことは理解できる．

また，**表 4 -25**によれば経営環境分析は成熟期と第二創業期が同率であるが，経営目標の設定や経営戦略等の項目は成長期・成熟期に比べ第二創業期のほうが高い数値を示している．さらに，経営計画策定の効果は「従業員のモチベーション向上」や「マネジメント能力向上」のほか，「金融機関の評価」だけでなく「業績の向上」も第二創業期がもっとも高いことがわかる（**表 4 -32**）．

以上の結果は知見 1 を支持するものと考えてよい．

知見 2 の確認

成長期の企業は，売上規模拡大に向けた投資意欲が旺盛と考えられるため，金融機関からの資金調達ニーズが強いことが想定される．したがって，対外的な情報の非対称性緩和を目的とする経営計画の策定が行われているものと考え

られる．また，成長に向けて組織の変革が求められるような時期には，従業員のベクトル合わせや成長を促進するために対内的な情報の非対称性緩和を目的とする経営計画の策定が行われることもあるだろう．

アンケート調査結果によれば，成長期企業の88％が経営計画を策定している（**表4-24**）．その内容は，全社利益計画を73％が作成しており，経営理念は40％と低いものの経営ビジョンや経営目標を60％が取り入れている（**表4-25**）．策定組織は，社長1人が作成している企業が40％，役員・管理職が個別に作成している企業が47％となっている（**表4-26**）．経営計画の社内開示方法は，経営計画発表会で管理職以上に開示が53％ともっとも高いが，経営計画発表会と書面を合わせた全従業員への開示も47％となっている（**表4-27**）．社外開示も87％と高く（**表4-28**），開示先は取引金融機関が85％となっている（**表4-29**）．

差異分析は100％の実施率（**表4-30**）であるが，実施メンバーは管理職以上が40％にとどまっており，他の発展段階に比べると低い割合（**表4-31**）である．策定効果は，「従業員のモチベーションが上がった」が64％であるが，「金融機関からの評価が上がった」という回答は21％にとどまり，他の発展段階と比べて低い水準となった（**表4-32**）．

以上から，成長期企業は対外的な情報の非対称性緩和を目的とした経営計画を策定しているが，内容的には，取引金融機関から評価される水準にはなっておらず，効果は表れているとはいえない．しかし，対内的な情報の非対称性緩和という観点では，策定時の従業員の関与や差異分析への関与は十分ではないものの，従業員のモチベーションアップという点では一定の効果を上げていると考えられる．

以上は知見2を支持するものと考えてよい．

知見3の確認

成熟期の企業は，経営が安定し新規投資もキャッシュフローの範囲内で行われる状況が生まれ，それほど資金調達ニーズが強くないか，あっても業績が安定しているため金融機関からの資金調達には困らない状況が想定される．こうした企業では，対外的な情報の非対称性よりも対内的な情報の非対称性緩和を目的とした経営計画が策定されるものと考えられる．

アンケート調査結果によれば，成熟期企業の78％が経営計画を策定している

（**表 4 -24**）．この数値は，他の発展段階に比べてもっとも低い数字である．経営計画の内容は，経営方針が83％ともっとも高く，経営目標，経営理念，全社利益計画が67％となっており（**表 4 -25**），目標や方針を重視した内容となっている．策定組織は社長が一人で作成が50％と，他の発展段階と比較して突出して高い（**表 4 -26**）のが特徴である．経営計画の開示方法は，「経営計画発表会で全従業員に開示」が50％でもっとも高く，書面での開示と合わせると72％が全従業員に開示しており（**表 4 -27**），他の発展段階と比べてもっとも高い数値となっている．一方社外開示は56％と他の発展段階と比べて極端に低く（**表 4 -28**），社内を重視していることがうかがえる．

　差異分析は，100％の実施率（**表 4 -30**）であり，そのメンバーは管理職以上が44％となっている．ちなみに集計結果によれば実施サイクルは，毎月が39％で他の発展段階と比べて極端に低く，業績安定を背景にあまり差異分析には力が入っていない状況が想定される．経営計画の策定効果は，「従業員のモチベーションが上がった」が61％でもっとも高いが他の発展段階と比較すると低い数字（**表 4 -32**）になっている．

　成熟期企業が対内的な情報の非対称性緩和を重視した経営計画を策定・実行していることは，全従業員に開示している企業が多いことから判断できる．ただし，その策定プロセスや差異分析への取り組みは十分とはいえず，結果的に従業員のモチベーションが上がったという回答がやや低いことにつながったと考えられる．

　以上は知見 3 を支持するものと考えてよい．

　知見 4 の確認

　アンケート調査結果によれば，第二創業期企業の83％が経営計画を策定している（**表 4 -24**）．その内容は，全社利益計画がもっとも高く81％，経営目標が78％，経営理念，経営ビジョン，経営方針が69％となっている（**表 4 -25**）．特に，経営理念と経営ビジョンの両方を取り入れている企業が多いことが特徴的である．策定組織は，「役員・管理職が個別に策定」が43％でもっとも高く，次いで「社長が一人で作成」が35％となっている（**表 4 -26**）．経営計画の社内開示方法は「経営発表会で全社員に開示」が49％であり，書面で開示と合わせて65％が全社員に開示している（**表 4 -27**）．一方，社外への開示は76％あり（**表**

4-28), 開示先は取引金融機関が100%, 株主が21%となっている (**表4-29**).

差異分析は, 89%と他の発展段階と比べてもっとも低い水準である (**表4-30**). しかし, 実施メンバーは59%が管理職以上であり (**表4-31**), もっとも従業員を巻き込んで差異分析を行っている. 経営計画の策定効果は,「従業員のモチベーションが上がった」が75%でもっとも高く, 次いで「金融機関の評価が上がった」という回答が50%,「社員のマネジメント能力が向上した」という回答も39%と他の発展段階と比べて高い数字となっている (**表4-32**).

以上から, 第二創業期企業は社外への開示状況からみて対外的な情報の非対称性緩和に配慮していると考えられるとともに, 策定効果から見て対内的な情報の非対称性緩和という観点からも一定の配慮がなされていると考えられる.

以上は知見4を支持するものと考えてよい.

おわりに

ここまでのアンケート調査の分析によって, 限られたデータの範囲内であるが, 中小企業における経営計画の策定および実行の状況が明らかになった. 想定していたとおり, 発展段階によって経営計画の内容や策定プロセス, 差異分析の方法等が異なることや, 対外的・対内的な情報の非対称性との関連が確認できた.

しかし, まだ現時点では表面的な分析にとどまっているといわざるを得ない. そこで, 次章では実際に経営計画を活用している企業へのインタビューを通じて, 中小企業における経営計画活用の実態に迫ってみたい.

注
1) 中小企業診断協会 [1993] によるアンケート調査は, 全国の中小製造業500社を対象に1992年9月に調査票の郵送により行われ, 有効回答数は131社 (26.2%) となっている.
2)「経営革新計画」とは, 中小企業事業活動促進法に基づき, 中小企業者が作成する, 新商品の開発や新たなサービス展開などの取り組みと具体的な数値目標を含んだ3年から5年のビジネスプランのこと. 当該計画を都道府県などに申請して承認を受けると, 政府系金融機関の低利融資, 信用保証の特例, 課税の特例等の支援措置の対象となる. 愛知県のホームページには, 2005年 (平成17年度) 以降の承認企業が掲載されている (http://www.pref.aichi.jp/0000021974.html 2015.1.27.確認).

3）中小企業庁［2005］によれば，「企業規模が50名を超えた辺りから企業は組織化され」る.

4）経営計画の策定と実行が指す内容は**表4-6**のとおり，「差異分析実施の有無」以下4項目を「実行」とし，残りの項目は「策定」とみている.

5）朝原［2012］によれば「65％の中小企業が経営計画を策定している.」

6）経験的に財務内容が良く，業績が問題ない企業に対して担当者は書類の開示をあまり求めない．融資の稟議等に必要な最低限の資料を受領するにとどめる.

7）パナソニック㈱ウェブサイトより（www.panasonic.com/jp/corporate/history/konosuke-matsushita.html 2015.3.23.確認）.

第5章　中小企業における経営計画の活用事例

1　インタビュー調査の実施概要

（1）　インタビュー調査の目的

　前章でアンケート調査の結果を分析し，企業成長に対して積極的な姿勢で取り組んでいると思われる愛知県内の経営革新計画承認企業を対象とした経営計画の策定および実行状況の現状を把握した．

　本章では，調査対象企業の中から成長期・成熟期・第二創業期に属する企業各1社を事例1〜3で取り上げる．また，調査対象企業の中で規模的には中小企業というよりも中堅企業であるが，特に経営計画を活用した経営を行っている企業を選び（事例4），インタビューを行うことによりさらに中小企業における経営計画の策定および実行状況の実態を探っていきたい．

（2）　インタビュー調査の内容

　調査内容は以下のとおりである．

　　対象：アンケート調査回答企業
　　期間：2015年3月〜7月
　　方法：インタビュー調査応諾企業へのヒアリング
　　内容（調査項目）：
　　　① 経営計画を策定するようになった経緯・目的
　　　② 経営計画策定に際しての経営理念の位置づけ
　　　③ 経営計画策定プロセス（スケジュール，策定メンバー，留意点）

④ 経営計画の内容とその評価（経営環境分析の効果，計画の内容や質）

⑤ 経営計画の開示（開示方法や開示先など工夫している点）

⑥ 経営計画の実行に関する課題（差異分析の方法，メンバー，分析結果の活用）

⑦ 経営計画の策定および実行に関する今後の課題

⑧ 経営計画策定および実行の効果（情報の非対称性緩和の視点から）

2　調査企業概要

　調査をした4社の概要は，**表5-1**のとおりである．この4社は，① 経営計画を策定していること，② 経営計画の内容に経営理念が含まれているか，経営環境分析を実施していること，③ 差異分析を行っていること，の条件に合

表5-1　インタビュー調査企業の概要

発 展 段 階	成長期	成熟期	第二創業期
会 社 名	株式会社みらい経営	Ａ株式会社	株式会社テクノプラスト
所 在 地	名古屋市中村区	愛知県尾張地区	名古屋市南区
設 立 年	2004年	1987年	1968年
代 表 者	磯部　悟（42歳）	Ａ社長（70歳）	中村　明（44歳）
資 本 金	9100万円	2450万円	1000万円
年　　商	20億円（グループ計）	非開示	非開示
従 業 員 数	111人	17人	65人
業　　種	法人向けコンサルティング業，不動産業	製造業	プラスチック部品加工業

経営計画高度活用企業	
発 展 段 階	成長期
会 社 名	高末株式会社
所 在 地	名古屋市熱田区
設 立 年	1948年
代 表 者	加藤　博巳（57歳）
資 本 金	9800万円
年　　商	168億円（グループ計）
従 業 員 数	725人
業　　種	運輸・倉庫業

注：会社概要および代表者の年齢はインタビュー調査時点（2015年3～7月）
出典：筆者作成．

第5章　中小企業における経営計画の活用事例　　*113*

う企業に対してインタビューを依頼した結果，応諾していただけた企業である.
4社の経営計画の概要については**表5-2**，**表5-3**のとおりである.

表5-2　インタビュー調査企業の経営計画の概要（その1）

発展段階	成長期	成熟期	第二創業期
会　社　名	株式会社みらい経営	A株式会社	株式会社テクノプラスト
経営計画の種類	短期計画	短期計画 中期計画	短期計画 中期計画
経営計画の内容	経営理念・経営ビジョン・全社利益計画	経営理念・経営ビジョン・経営目標・経営方針・全社利益計画・設備投資計画・資金計画・全社活動計画	経営理念・経営ビジョン・経営環境分析・経営目標・経営方針・経営戦略・設備投資計画・全社活動計画・部門別活動計画
策定メンバー・組織	役員・管理職が個別に策定（社内スタッフのみ）	役員・管理職が個別に策定（社内スタッフのみ）	社長が方針を決め，課長が部門別に策定（社内スタッフのみ）
開　示　先	社内は書面で管理職以上 社外は取引金融機関と株主	社内のみ（全社員）	社内は全員（発表会） 社外は取引金融機関
差異分析実施サイクルとメンバー	毎月役員で実施	四半期ごとに部長以上で実施 全社会議で実績報告	四半期ごとに課長以上で実施 全社会議で実績報告
経営計画策定効果	モチベーション向上 マネジメント能力向上	モチベーション向上	モチベーション向上 マネジメント能力向上

出典：筆者作成.

表5-3　インタビュー調査企業の経営計画の概要（その2）

発展段階	成長期（実質的には第二もしくは第三成長期）
会　社　名	高末株式会社
経営計画の種類	短期計画，中期計画
経営計画の内容	経営環境分析・経営目標・経営方針・経営戦略・全社利益計画・部門別利益計画・人員計画・生産計画・販売計画・全社活動計画・部門別活動計画
策定メンバー・組織	外部専門家の支援を受けつつ，社内で横断的組織を編成して作成
開　示　先	社内のみ（経営計画発表会で管理職以上，書面で全員）
差異分析実施サイクルとメンバー	毎月部長以上で実施 グループ大会で実績報告
経営計画策定効果	モチベーション向上，業績向上，マネジメント能力向上

出典：筆者作成.

3 経営計画の活用事例紹介

（1） 事例1 株式会社みらい経営（成長期）

> インタビュー実施日：2015年7月29日（水） 10：00〜11：20
> 面　　談　　相　　手：代表取締役社長　磯　部　　悟
> 場　　　　　　　　所：本社社長室

　代表者の磯部悟氏は，名古屋大学卒業後東海銀行（現三菱UFJ銀行）へ入社，中堅流通業の経営企画部門を経て2003年に創業した．これまでの経験を生かし，財務改善の経営コンサルティングから出発したが，その後事業再生や事業承継・相続など経営全般を対象とする経営コンサルティング会社である株式会社みらい経営を中心に事業を拡大してきた．現在では，ウィークリーマンションやホテルの管理運営を行う株式会社アットインを含め5つの法人によるみらいグループを展開している．

経営計画を策定するようになった経緯・目的

　もともと銀行マンであり，中小企業診断士の資格取得者でもある磯部社長は，経営計画の必要性についての認識は持っており，創業当初から個人では作成していた．会社設立5年目からは，役員を交えて策定するようになり，組織の拡大につれて策定メンバーも増えるようになった．

　社長以外のメンバーを巻き込むようにしたのは，実際に組織を運営する立場の人たちが自ら考え，目標や計画を策定したほうがやりがいを感じるだろうと考えてのことである．これは，磯部社長が自身のトップダウンからボトムアップへの意思決定プロセスの移行が必要であることを認識したという側面がある．

　もう1つの側面としては，2013年に名古屋中小企業投資育成株式会社からの出資を受け入れたことが大きい．政府系機関である投資育成会社が株主となったことで，経営への緊張感が生まれた．株主に対して恥ずかしくない経営をしていこうという意識が強くなったということである．

経営計画策定に際しての経営理念の位置づけ

経営理念は，創業からしばらくは制定していなかった．2005年に旧社名に変更した際に，会社案内のパンフレット作成にあたって必要と考え，「ハートあるソリューションカンパニーを目指す」という経営理念を制定した．当時は社名も英文含み（IPOフィナンシャルパートナーズ）であり，外資系金融機関をイメージし，「外見上のかっこよさ」を意識して広告代理店のアイデアを採用したものとのことである．

その後業容は急拡大したものの，急成長企業にありがちな様々な組織上の問題（人員の入れ替わりが激しいことなど）やプライベートでの困難な出来事を経て，2008年にそれまでの経済合理性を優先した経営から，会社の成長に貢献してくれる役職員のための経営を志向するという経営方針の大転換を決定した．

そのような過程を経て現在のグループ経営理念（図 5-1 参照）は2014年4月に制定された．これは，従業員が増えてきたことで一緒に働く意味や価値観の共有の必要性を感じ，磯部社長が自らの思いを表現したものであり，諸会議において必ず全員で唱和している．経営計画はこのグループ経営理念に基づいてグループ方針および個別部門方針を定め，そのうえで目標となる数値計画を設定するという構成になっている．

グループ経営理念
PHILOSOPHY
人の"こころ"を大事にし，
"みらい"に良い事を"つくる""つなぐ"

ミッション
MISSION
人と企業のみらいを幸せにする。

図 5-1　株式会社みらい経営　グループ経営理念とミッション
出典：株式会社みらい経営ウェブサイトより（http://www.miraikeiei.jp/company/ 2015.7.30確認）．

経営計画策定プロセス（スケジュール，策定メンバー，留意点）

　当社は3月決算であり，12月に当期の着地見込を検討し，経営方針や目標の進捗状況を確認したうえで評価を行っている．それを踏まえて次期の経営方針とグループ予算の編成方針を役員3人（社長を含む）で検討している．

　1月から3月には毎月1回短期経営計画策定のための会議（予算会議と称す）を開催しており，役員3人のほか各部門の責任者4人の計7人が参加する．1月は，部門長が予算方針の素案を提示し，2月に修正案を検討，3月に決定というプロセスで策定される．磯部社長が留意しているのは，トップダウンで決めるのではなく，ボトムアップで目標数値や施策を検討してもらうことである．もちろん，丸投げするわけではないがそれぞれの部門長の提案をできるだけ尊重するようにしている．

経営計画の内容とその評価（経営環境分析の効果，計画の内容や質）

　経営計画の内容は**表5-2**のとおりである．経営計画の内容の変遷をたどると，当初はメモ書き程度であったが，組織の拡大につれて，単体からグループ全体，さらに部門別の計画が策定されるようになるなど徐々に充実してきている．磯部社長自身の評価は，内容的に「そこそこの水準」とのことである．

　経営環境分析に関しては，対外的に作成している事業報告書の中では総務経理部門が検討したSWOT分析資料を掲載しているが，グループ経営計画の中には今のところ盛り込まれていない．なお，事業報告書は決算確定後に，当期の財務データとSWOT分析，次期の数値計画（売上，営業利益，経常利益，当期利益）をまとめて作成しているものである．

経営計画の開示（開示方法や開示先など工夫している点）

　社内向けにはグループ全体の経営計画を管理職以上に書面で開示しているほか，自部門の経営計画については全社員に書面で開示されている．

　金融機関など社外に対しては，書面で提出しているわけではなく，数値計画を口頭で報告するようにしているとのことである．ただし，前述のとおり経営計画書とは別に対外向けに事業報告書を作成している．

経営計画の実行に関する課題（差異分析の方法，メンバー，分析結果の活用）

　差異分析は，グループ全体および単体で毎月役員が参加して実施している．メンバーは，グループ全体が4人，単体が各3人であり，単体の役員はグルー

プ全体の役員が兼務している．毎月の会議では大きく3項目について議論されている．1つ目は，もっとも重視している人および組織に関する事項である．2つ目は，資金や投資に関する事項である．そして3つ目に月次業績の差異分析を行っている．現在業績は順調であり，月次の計画は達成が続いている．しかし，目標を上方修正することは行っておらず，さらなる成長に向けての施策のほかこれまでやりたくてもできなかった課題や新たな投資などを議論している．

経営計画の策定および実行に関する今後の課題

経営計画に関する現時点の磯部社長の評価は理想水準に対して6割程度である．その理由としては，経営環境分析を踏まえた経営計画でないところがあげられる．次回からはSWOT分析をもとに経営計画を策定したい．また，経営的には順調であるが，リーダーシップの発揮や戦略・戦術の実行という面では未熟だと感じる．役員や幹部社員向けの研修はいろいろな機関が行っているものの，なかなかそれでは身につかないのではないか．どのように，経営者あるいは経営計画推進者としての能力を高めていくか．そのための「場」と「方法」をどのように見つけていくのかが課題である．

経営計画策定および実行の効果 （情報の非対称性緩和の視点から）

経営計画策定・実行の効果としてアンケートに答えた「モチベーション向上」と「マネジメント能力向上」についてはそのとおりである．経営計画開示による金融機関に対しての情報の非対称性緩和は，いい面もあるかもしれないが，もし，計画を出しても，目標に未達ということが続くと，逆効果になることもあるのではないか．金融機関から資金を調達している立場からすると，すべての情報を開示するリスクもあると考える．また，そういう意味では，社内向けの目標に比べ対外的な目標数字は保守的にならざるを得ない．一方，第三者株主が加わったことにより，財務諸表を含めた経営情報の開示を求められるという点では，経営への緊張感や刺激につながっているという面はある．

情報の非対称性緩和という面では，社内のほうがより重要と考える．最近の事例で，グループの経営計画を開示したことにより，グループ企業間の情報の共有化が進み，新たなシナジーを生み出すことにつながりうる案件があった．具体的には，これまでコンサルティング部門でホテルや旅館の事業再生に多く

携わってきたが，直接経営に乗り出すことはなかった．しかし，2014年にグループに加わったアットイン株式会社はビジネスホテルの運営にも参入しており，今後は，事業再生コンサルティング案件の選択肢が広がることになる[1)]．

（2）　事例2　Ａ株式会社（成熟期）

インタビュー実施日：2015年3月19日（木）　10：30〜11：30
面　談　相　手：代表取締役社長　Ａ
場　　　　　　所：本社簡易応接

経営計画を策定するようになった経緯・目的

経営計画を策定したきっかけは，10年ほど前に品質規格のISO9001の認証取得を目指したこと．同時期に経営革新認定へのチャレンジも開始した．そうした中で期間3年の中期経営計画を策定するようになった．策定の目的は，Ａ社長が次世代へ経営承継するに当たり，「思い」を伝えたいと考えたためである．

経営計画策定に際しての経営理念（ビジョン）の位置づけ

経営理念は，2001年に現在地へ本社と工場を統合した際に，将来を見据えてＡ社長が制定したものである．Ａ社長は創業メンバーの一人であり社長就任は1994年のことだった．現在，子息が後継者（役員）として実務にあたっており，これから数年が経営承継の時期に当たっている．経営理念は，Ａ社長の「表面処理で生きていく」という思いと，お客様だけでなく，従業員や外注先等の取引先と「調和」していくことや，業種柄大気汚染やエネルギー問題等環境問題へのかかわりもあるため，環境や社会との「調和」といった内容が柱となっている．

経営計画の中で経営理念は「会社の進む方向を明らかにする」という意味を持っている．当社は2001年ごろから顧客の海外進出に伴う流動化（顧客の入れ替わりが多くなった）が進んだことを背景に，従来のやり方を変えていかなければならないという危機意識が強くなった．そうした中で経営理念を制定することで全社員に方向性を示すことが必要だと考えたためである．

当社において経営理念は，年2回の全社会議において社長講話の中で取り上げられるほか，日々の朝礼においても経営理念にちなんだ報告がなされるなど

日常的に従業員が意識するような仕組みができている.

経営計画策定プロセス（スケジュール，策定メンバー，留意点）

経営計画の策定は外部専門家等の支援は受けずに，社内のメンバー5名で行われている．各部門の長が策定した内容を後継者である役員1名とマネジャー1名の計2名がとりまとめる形となっている．期間3年の中期経営計画を策定しているため，新たな中期経営計画を作る際は新年度に入る3か月程度前から策定を準備するが，それ以外の年は1〜2か月の準備期間で策定できている．策定準備はISOにおける毎年の審査や3年に1度の更新に合わせて行うようにしているため，あまり負担感はない．

経営計画の内容とその評価（経営環境分析の効果，計画の内容や質）

経営計画の内容は，**表5-2**のとおりである．経営理念に加えて経営ビジョンが設定されているが，中期計画ごとに経営ビジョンの内容を変更している．おもに，品質やコストなど顧客満足につながる内容となっている．経営目標や方針は経営環境の変化に応じて毎年見直している．顧客層が多業界にわたっていることや，特にメインとなる受注先がないこともあって，技術革新に力を入れるため設備投資計画を策定し，計画的に先端的な設備投資を行っている．その際「ものづくり補助金」等の中小企業施策を活用している．

経営環境分析についてはアンケートには記載がなかったが，自社の強みと弱みについては社内で整理しており，強みをより強くする方向で施策を経営計画に盛り込んでいる．

A社長の経営計画に対する評価は8割とのことで，その理由は，内容的にはほぼ合格であるが実行に関してはまだ改善の余地があるということだ．たとえば，技術的な資格の取得を奨励しているが，取得してもそれを活かしきれていないところがある．そういった点を全社活動計画に盛り込みながら実効性を高めていきたいとのことである．

経営計画の開示（開示方法や開示先など工夫している点）

経営計画の策定当初から全社員を集めて発表会を行っている．時期的には，毎年期末月の3月に翌年度の経営計画発表会を行い，半期にあたる9月に当該年度の進捗状況を全社員に報告している．

当初から全社員を対象としているのは，A社長が他社のいろいろな社長の経

営危機を脱した手法について学んだ結果，厳しい経営環境を乗り切るためには全員の協力が必要と考えたためである．なお，社外には開示していない．

経営計画の実行に関する課題（差異分析の方法，メンバー，分析結果の活用）

経営計画の差異分析は，社長，役員1名，マネジャー1名の計3名で行っている．中心は売上・利益計画の進捗フォローであり，4半期ごとに実施しているが，売上・利益および人件費の状況は毎月社内に掲示しており，全従業員がいつでも見られる状態になっている．

経営計画の策定および実行に関する今後の課題

今後の課題は，次代を担う役員，マネジャーが会社をどのようにしていきたいのかを明確に打ち出せるようにすることである．後継者である子息を中心とするチームをつくり，ビジョンの策定を指示しているが，日常業務に追われまだ十分に取り組めていない印象を持っている．社長としては一歩引いた形で見守っており，最終的には後継者を中心とするメンバーで経営計画を策定してもらいたいと考えており，来期中にはそうした体制に持っていきたい意向とのことである．

経営計画策定および実行の効果（情報の非対称性緩和の視点から）

経営計画の効果としては，やはり将来的な方向性を従業員に理解してもらうのに必要であるし，将来の方向を示すことでモチベーションを高めるのに役立っていると考えている．特に，環境変化の激しい時代に対応していくには，新規の取組みを行う意味や必要性を理解してもらわなければならない．当社では，経営計画と異なるような事象が起きた時（たとえば，経営環境が大きく変わった時，得意先の大きな生産変動や官庁施策の大きな動向変化による計画の修正や期中での量産開始及び緊急試作対応等の説明）には，毎日の朝礼で役員やマネジャーにその内容について話をさせている．日常的に経営計画を意識させる取り組みを行っている．

金融機関に対しては経営計画の開示はしていない．しかし，融資申し込みの際などに口頭で説明はしている．当社の業績は比較的安定しているので，それほど資金調達に苦労しておらず，あえて経営計画を開示する必要性は感じていない．

第5章　中小企業における経営計画の活用事例　*121*

（3）　事例3　株式会社テクノプラスト（第二創業期）

> インタビュー実施日：2015年3月20日（金）　13：30～15：00
> 面　　談　　相　　手：代表取締役社長　中村　　明
> 場　　　　　　　　所：本社社長室

経営計画を策定するようになった経緯・目的

中村社長が専務に昇格した10年ほど前に若手経営者の勉強会に加入した．そこで，経営理念や経営計画が重要であることを先輩経営者の話を聞く中で認識し，7年前から自主的に作成を始めた．何年か続けたところ，実父である現会長がその存在を認識し，取引金融機関から求められると経営計画を渡すようになった．

社長に就任した2年前から本格的に全社的な経営計画を策定するようになり，全社員を集めて発表会を行うようになった．もともと自分の経営に関する勉強の一環として作成を始めた経営計画だが，本来は自分の考えを従業員に示すためのものと考えており，社長就任を機に実行に移した．

経営計画策定に際しての経営理念（ビジョン）の位置づけ

経営理念（**図5-2**参照）は，7～8年前に先代社長が唐突に作成した．経営理念とは，会社の存在価値を示すもので会社の骨格であり大黒柱のようなものであるので，それが曲がると弱くなってしまう．そして，従業員の判断基準となるものであり，それを行動レベルに具体化したものが経営計画と認識している．

テクノプラストの経営理念

経営理念

求めて難に当たり、
自分の能力にチャレンジし、社会に貢献しよう。

経営ビジョン&品質方針

我々は、たゆまなく業務の改善に努め、
真心のこもったモノづくりで、顧客満足を追求します。

図5-2　株式会社テクノプラストの経営理念と経営ビジョン

出典：株式会社テクノプラストウェブサイト（http://technoplast.co.jp/company/index.html 2015.3.25確認）.

社長就任時に経営理念を見直すという選択肢があったかもしれないが，先代社長の「思い」が詰まっており，内容的に違和感はなかったので変更しなかった．経営理念は，毎日朝礼で唱和しており従業員には浸透していると思う．

中村社長は，経営計画に関しては必ずしもすべての会社に必要とは思わないが，経営理念は規模の大小を問わず必要だと考えている．

経営計画策定プロセス（スケジュール，策定メンバー，留意点）

当社は5月決算であり，インタビューを実施した3月は経営計画の策定に取り掛かっているところであった．2月に社長が翌期の方針や目標を定め，3月の課長会でその内容を提示し，6人の課長が各部門の計画策定に入る．当社は毎年のテーマを漢字1字で制定しているが，来期のテーマは現在検討中とのことであった．ちなみに，前期は社長就任1期目で基礎や基盤を作るという趣旨から「基」とし，今期は会社と個人の強みを探して，それを伸ばしていくという趣旨で「強」とした．この漢字1字のテーマは当期の方針がイメージしやすいと従業員から大変好評であり，また，取引金融機関の支店長などにも興味を持たれている．

経営計画の内容とその評価（経営環境分析の効果，計画の内容や質）

経営計画の内容は**表5−2**のとおりである．当社は社長が自ら経営環境分析を実施している．社長の考えでは，経営は7割が環境によって決まる．したがって，外部環境分析，とくに業界分析が重要と考えている．経営環境分析は，自主的に経営計画を作り始めた当初から行っているが，これは，経営計画策定にあたり参考にした先輩経営者の様式をそのまま踏襲したためである．ただし，内部環境分析の項目については毎年状況に応じて変更している．

経営計画の評価については，現状100％ではないが目指す方向には進んでいる．計数目標は必ずしも達成できていないが，計画に基づく行動については100％できていると考える．それは，毎月の課長会を通じて従業員の成長という観点から実感している．経営は人の育成がポイントであり，経営計画はそのツールになっている．

経営計画の開示（開示方法や開示先など工夫している点）

当社は，期初にあたる6月の第一土曜日に経営計画発表会を全社員の出席により行っている．また，経営計画は書面により全員に配布している．

社外では，取引金融機関から求められれば渡すことにしている．基本的には，従業員向けと同じ内容であるが，計数面で金融機関から求められる内容については別途開示している．

経営計画の実行に関する課題（差異分析の方法，メンバー，分析結果の活用）

計画との差異分析に関しては四半期ごとの実施サイクルであるが，これはISOのマネジメントレビューのサイクルと合わせているためである．実際は毎月の幹部会議で数字の報告や分析を行っている．当社では，四半期ごとに全社員で会議を行っており，経営計画の進捗状況が共通認識とされる仕組みができている．

なお，経営計画はISOの個人別目標ともリンクしており，ISOの枠組みに経営計画を絡めることによりうまく会社の運営に生かしている．

経営計画の策定および実行に関する今後の課題

中村社長より回答を得られなかった．

経営計画策定および実行の効果（情報の非対称性緩和の視点から）

中村社長にとって経営計画は自分の「思い」を見せるためのものであり，まさに，情報の非対称性を緩和する手段となっている．経営者仲間で勉強会を通じて経営計画の重要性を理解していると思われる人たちですら，意外に経営計画を策定している人は少ない．経営計画の策定は非常に負担が大きい．しかし，策定するのは楽しいと話しておられた．中村社長にとって，経営計画発表会はピアノの演奏発表会のようなものなのである．ただし，ピアノの発表会は演奏を聴いてもらったらそれで終わりだが，経営計画発表会は，それに対する反応が経営成果や従業員の成長として現れる．おそらく，その成長を見るのが楽しいのだろうとのことであった．また，従業員が成長するなら自分はそれ以上成長しなくてはいけない．そう考えることが自分の励みになっている．さらに，経営計画の開示により取引金融機関からの評価も高くなったと考える．そういう意味で経営計画が情報の非対称性緩和に役立つということは理解できる．

（4） 事例4　高末株式会社（成長期）

> インタビュー実施日：2015年3月24日（火）　13：30～14：40
> 面　談　相　手：代表取締役社長　加藤博巳
> 場　　　　　所：本社応接室

　当社のアンケート回答者は経営企画グループのスタッフであったことから，発展段階を「成長期」とすることについて確認した．当社は，創業1902年という100年企業であり，会社設立からも60年以上が経過している．一般的な成長期企業のイメージとは異なる属性と考えられるため，その点に関して社長の見解をお聞きすると，2007年ごろから会社方針として成長拡大路線に舵を切った経緯があり，社内的には成長期と認識していることは理解できるとのことであった．

経営計画を策定するようになった経緯・目的

　経営計画は創業家出身で先々代の高村武彦元社長の在任時から中期計画として策定しており，数十年の歴史がある．しかし，経営計画はあってもPDCAサイクルは循環していない状況であった．高村社長が亡くなった1999年に，後継した非創業家出身の平岩前社長と当時取締役経営本部長だった加藤社長が今後の当社の方向性を議論する中で「事業ドメイン」や「軸」を作る必要性を認識し，21世紀グループ経営ビジョン「TAKASUE WAY」を制定した．

　それ以降，現在の形による期間3年の中期経営計画を策定するようになり，毎年ローリングするスタイルとなった．

経営計画策定に際しての経営理念（ビジョン）の位置づけ

　当社の伝統的な組織風土は，「お客様を大切にする社風」，「礼儀正しい社風」，「質素で堅実で勤勉な社風」の3つである．高村元社長はこうした基本を大切にする社風を後世に伝えるために本社近くに「社風永続会館」と呼ばれる研修センター兼資料室をオープンさせた経緯があり，その精神は受け継がれているものと考えられる．経営理念はもともとあったが，高村元社長が毎年スローガンを提示し，名称も「社是」や「ファイブアクション」など様々であったことから，それぞれの関係がわかりにくくなっていた．そこで，グループ経営ビジョンを策定する際に，それらを発展的に，「体に染みついている形」でビジョン

図 5-3　高末株式会社の経営ビジョン（経営理念）
出典：高末株式会社ウェブサイトより（http://www.takasue.co.jp/outline/outline02.html 2015.3.25確認）.

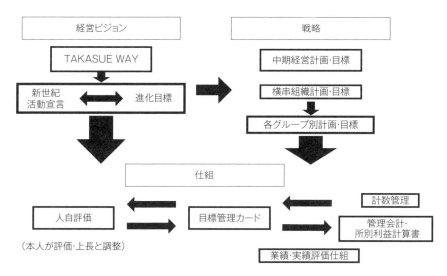

図 5-4　タカスエグループの経営ビジョン・戦略（経営計画）・仕組の関係図
出典：加藤社長の名古屋学院大学大学院における講演資料（2014.7.28）より筆者作成.

にまとめ上げた．そういう意味ではビジョンという名称ではあるが，当社にとっての経営理念に当たると考えられる．

図 5-4 のとおり，当社の経営は「経営ビジョン」を「戦略（経営計画）」へ展開するとともに，「仕組」を構築することで自ら考え，挑戦していく「人財」を育成していくというものである．そしてマネジメント・サイクル（PDCAサイクル）[2]を循環させることにより，「進化を続ける人間集団」となることを目指している．

グループ経営ビジョンは経営計画には含まれていないものの，経営計画はビ

ジョンを実現するためにあるという位置づけになる．グループ経営ビジョンは，当社の業績検討会議など様々な会議で冒頭に必ず唱和しているほか，後述するグループ大会においても全員で唱和するなど，従業員に浸透させる仕掛けができている．

経営計画策定プロセス（スケジュール，策定メンバー，留意点）

2月決算であるが，当社の次年度経営計画検討のスタートは5月と早い．経営企画部門のスタッフが経営環境分析を踏まえて，経営方針のテーマをリストアップし，社長を交えて検討したうえでたたき台を作成する．6月下旬に社長，執行役員，経営企画スタッフ等10名程度による「中長期方向性会議」を開催し，注力する戦略やその進め方を明確にする．方向性が決まると各部門の担当執行役員が部門ごとの経営計画を策定するという手順で具体化している．経営計画策定に当たっては，売上や利益といった計数目標よりもどういう状態にしたいのか，そのために何をプロセス評価の指標³⁾とすべきなのかということにこだわっている．つまり，結果指標よりもプロセス指標を重視するということである．もちろん利益計画も策定しており，それは予算として半期ごとに決定している．

経営計画の内容とその評価（経営環境分析の効果，計画の内容や質）

経営計画の内容は，**表5-3**のとおりである．前述のとおり，経営環境分析は経営計画策定の前段階で経営企画スタッフを中心に行っている．経営環境分析は「中長期方向性検討会議」の資料作成の一環として毎年行われており，経営環境の変化に合わせてリニューアルしているが，実際のところあまり変化はないとのことである．

経営計画の内容については，見栄えが良くても機能しなければ意味がないと考えており，現状で特に問題はない．むしろ，経営計画策定前の議論において本質的なところでの多面的な視点からの検討が行われているかが重要であり，その意味では幹部職員の成長は今後も必要と考えている．

経営計画の開示（開示方法や開示先など工夫している点）

当社は年2回「タカスエグループ大会」を開催しており，期初である3月の上期グループ大会において，中期経営計画の発表を行っている．参加メンバーは管理職以上で公共施設のホール等を使用した100～200名規模の行事となって

いる．この経営計画発表会は高村元社長の時代から年2回開催しているとのことである．

年度方針については，年4回発行する社内報の新年号に掲載されており，また，グループ大会においても社長訓示として具体的な説明がある．経営計画は社内システム上に掲載されており，全職員が閲覧できるようになっている．

社外には開示していないが，当社には社外取締役（経営コンサルタント）と社外監査役（公認会計士）が各1名おり，いずれもグループ大会に出席している．

経営計画の実行に関する課題（差異分析の方法，メンバー，分析結果の活用）

経営計画の進捗状況は，担当執行役員と営業エリアごとのグループ長を中心に検討されており，収益面など特に改善が必要な部門については，社長を交えた対策の検討が行われている．また，「運送」，「構内」といった事業分野別の進捗状況の検討は毎月開催される業績検討会議の中で部長レベル以上（15名程度）の参加により行われている．

経営計画の策定および実行に関する今後の課題

今後の課題は，計画実行の上で基本となるPDCAサイクルの「深さとスピード」を向上させることである．あるテーマについて，どの組織階層の誰が責任を持つのか，日次，週次，月次のどのタイミングでプロセス指標をチェックするのか，といったことが標準化されているわけではない．現在は，営業所ごとにやり方が違うということもあり，顧客が違うとやり方が異なるといったように，どうしても標準化できないという方向に流れがちである．共通化できるところに目を向けなければならないと考えている．今後，そういったことを誰が中心に進めていくのか検討していかなければならない．

経営計画策定および実行の効果（情報の非対称性緩和の視点から）

当社の経営計画は社内のみの開示である．情報の非対称性という観点で意識していることはないが，経営計画をたとえばグループ大会で発表しても，それが従業員にどこまで理解されているのかはわからない．当社においては，経営計画が個人の「目カード」に直結しており，本人が経営計画のどの部分を担うのかということを理解してもらわないと困るし，そこは留意しているところである．つまり，経営計画が個人の目標まで一貫してつながっており，結果的に情報共有していると考えられる．

当社においても最初は「P」すなわち計画を重視していた．しかし，次第に「D」や「C」のほうが重要であると認識するようになり時間もかけるようになっている．つまり，マネジメント・サイクルの回し方や仕事の進め方が重要である．それは，ある意味「宗教」のようなものかもしれない．宗教や宗派が違えば違うやり方があるかもしれないが，当社にとってはこのやり方となるということである．

4　インタビュー調査で確認された知見

前節では，アンケート調査回答企業のうち経営計画を比較的うまく活用していると考えられる中小企業の中から各発展段階で計3社，さらに中堅企業レベルで水準の高い経営計画の運用をしている1社に対してインタビューを実施した結果をまとめた．それを踏まえて，前章で取り上げた4つの知見が確認できるかをみてみよう．

（1）　知見1の確認

インタビューを実施した4社については，いずれも経営理念あるいは経営ビジョンを明確に掲げて，それを実現するために経営計画を策定し実行しているということが確認できた．その中でも高末株式会社は，実態的には第二成長期あるいは第三成長期に当たる企業であり，内容的にも実行状況についても中小企業としては極めて高いレベルで活用されていた．

すでに述べたとおり，高末株式会社は，経営計画の内容自体には経営理念（経営ビジョン）は盛り込まれていないものの，経営計画策定の前段階で経営ビジョンに基づいて中長期の方向性を会議で検討している．経営ビジョンと経営計画（戦略）は構造的にとらえられており，その関係が明確に位置づけられているのである．

株式会社みらい経営は，磯部社長の経営計画に対する理解度が高いことを背景に，創業段階から経営計画を策定していた．創業から10年余りであるが，様々な浮き沈みを経験したことにより経営者の信念に基づく経営理念が制定されたことが契機となり，それを踏まえて策定される経営計画の内容や策定プロセス

について水準が上がってきたことが磯部社長の言葉からうかがえる.

A社に関しても, A社長自身が全社員に会社の方向性を理解してほしいとの考えから経営理念を制定し, それを実現するために経営計画の策定を手掛け現在に至っている.

テクノプラスト株式会社については, 実際に経営計画書を見せていただいたが, 経営計画書の最初に経営理念が掲げられ, それを具体化したものが経営計画というコンセプトのもと数値計画や具体的な戦略等が記載されていた.

必ずしもすべての企業がこの4社のように, 明確に経営理念を経営計画の中に位置づけているわけではないと思われる. むしろ, これまでの経験からみれば, こうした中小企業は「稀」といえよう.

以上を踏まえると, 経営計画の策定と実行については「継続性」が重要と考えられる. 継続することにより, 組織学習効果が生まれ, 経営計画の水準が上がるだけではなく, 業績の伸長や従業員の成長にもつながる. 結果的に, 企業が衰退することなく, 成長期から成熟期を経て, 第二創業期, 第二成長期へと進化していくものと考えられる. この点は, 第4章のアンケート調査でも同様の傾向が確認できた.

以上は知見1を支持すると考えてよい.

(2) 知見2の確認

成長期企業として取り上げた株式会社みらい経営は, 40代と若い磯部社長が10年余り前に創業・設立した企業であり現在も高い成長力を有している.

インタビューによれば, 当社は金融機関や株主に対しては経営計画のうち売上・利益計画のみを口頭により開示している. 情報の非対称性緩和という観点でいえば, 経営計画とは別に事業報告書を作成し, その中で売上・利益計画を掲載しているということで, 結果的に情報の非対称性緩和に配慮していると考えられる. 対内的な情報の非対称性緩和に関しては, 磯部社長はより重要と認識していた. これまで, グループ企業間の情報共有が必ずしも十分に行われていなかったが, グループ経営計画の開示により, グループ各社の業務や方針の理解が進んだことで, 現場サイドからシナジーを生むような動きが出てきたとのことである. また, 比較的若く経験の乏しい従業員が多い中で, 幹部従業員

中心に策定プロセスや差異分析に巻き込むことで情報の非対称性緩和という効果を意識したわけではないが，結果的に従業員のモチベーション向上やマネジメント能力向上につながるといった成果が得られている．

次に高末株式会社は，前述のとおり創業100年以上で会社設立からも60年が経過しており，一般的に想定される成長期企業とは異なる属性を有しているものの，主観的判断では成長期企業である．もっとも当社の場合は，第二成長期，もしくは第三成長期といった趣である．アンケート調査を実施する時点では，そういった回答があることは予見できていなかったため，ここでは，回答企業の主観的判断に従うことにする．

インタビューによれば，当社は社外に対しては経営計画を開示しておらず，対外的な情報の非対称性緩和を重視しているとはいえない．ちなみに，当社は筆者が政府系金融機関勤務時代に担当しており，現在も社外取締役として関与している関係で，取引金融機関に対して経営計画を開示する必要性がないことは十分に理解できる．つまり，実質無借金の企業であり資金調達には全く心配ない状況だからである．

しかし，対内的な情報の非対称性に関しては，加藤社長が意識されていないにもかかわらず，経営計画の策定および実行に際して，幹部従業員を中心に十分に議論し，分析した結果を次の改善に生かす「PDCAサイクル」を循環させるという活動を通じて浸透させており，結果的に情報の非対称性緩和を実現していると考えられる．

物流事業を営む当社には現場のドライバーやパートさんとその人たちを管理する立場の職員がいる．少なくとも，職員以上のクラスの人たちは経営計画に常に接する状況にある．つまり，経営計画に直結した個人別の「目標管理カード[4]」に基づき日々の業務を行っているのである．そういった面でも対内的な情報の非対称性緩和につながっているといえよう．

以上から，知見2に関しては2社のインタビューを踏まえると成長期であっても企業のおかれた環境によっては必ずしも該当しない．それは，高末株式会社が成熟期を経た企業であり金融機関からの資金調達ニーズがほとんどないというある意味特殊な事例であるとも判断できる．つまり，社外からの要請があれば開示は可能（事実筆者は受領している）ということである．

以上は知見2を支持すると考えてよい.

（3） 知見3の確認

成熟期企業として取り上げたA株式会社は会社設立から30年弱経過し，創業メンバーであるA社長が後継者に経営を承継するタイミングで，業績も安定的に推移しているという，まさに典型的な成熟期企業のタイプといえよう.

インタビュー結果によれば，当社は基本的には社外へ経営計画は開示していない. 金融機関へ融資を申し込むのは設備投資をする時ぐらいであり，融資申し込み時に口頭で経営計画の概要を説明するということであるが，それほど資金調達が困難な状況ではないため，現状では開示の必要性は感じていない.

一方，対内的な情報の非対称性に関しては，計画策定当初から全社員による経営計画発表会を実施したり，業績を社内に掲示したりするなど，情報共有や経営の透明性を意識した経営が行われている. 従業員17人という，全員が集まることが可能な規模であることは当然影響しているとみられるが，平日の昼前や月末の設備のメンテナンス日（休日）を利用するなど，全社員で経営計画の内容を共有し，その進捗状況を確認することの重要性を経営者が認識し実行している. それは容易なことではないと考えられる.

これは，実質的な創業社長であるA社長が，後継者である子息に数年内に経営を承継するという成熟期ならではの事情によるところも大きい. ただし，当社の事例のように計画的な事業承継が行われるケースは必ずしも多いわけではない. いずれにしても，経営計画策定プロセス，実行におけるPDCAサイクルの循環のさせ方等対内的な情報の非対称性緩和に配慮されている.

以上は知見3を支持すると考えてよい.

（4） 知見4の確認

第二創業期企業として取り上げた株式会社テクノプラストは，中村社長が創業者である実父から経営を承継して3年目ということであり，初の海外進出を実現するなどまさに第二創業期の典型的なタイプと考えられる.

インタビュー結果によれば，もともと現社長が自身の経営の勉強の一環として自主的に作成していた経営計画を取引金融機関の求めに応じて提示していた

という経緯があり，社長就任後も継続して開示しているということであった．その結果，取引金融機関の支店長等とのコミュニケーションが深まったり，当社に対する評価の高まりを実感したりするなど，経営計画の開示が情報の非対称性緩和につながっていると認識されている．特に，中村社長は金融機関が入手を希望する経営情報を別途提示するなどの工夫をされており，そうしたことが金融機関からの信頼を得ることにつながっていると考えられる．

　また，対内的な情報の非対称性に関しては，社長就任後間がないにもかかわらず，従業員に浸透させるための「漢字1字の年度テーマ」やISOの活動を個人目標にリンクさせた取り組みなど工夫されている．従業員に対して中村社長がその「思い」を伝えたいという気持ちがよく表れている．経営計画を策定するのは負担が大きいがそれを楽しんで行っているという中村社長の言葉は，経営計画の策定および実行を通じて従業員を成長させたいという強い思いが感じられた．

　以上は知見4を支持すると考えてよい．

おわりに

　インタビュー調査をさせていただいた4社は，アンケート調査の回答状況から経営計画を活用した経営をされていることはある程度予測していた．しかし，実際にお話を伺うと改めて経営計画の策定および実行の意義を認識させられた．

　特筆すべきは4社とも経営理念（ないしビジョン）を実現するために経営計画を策定し，マネジメント・サイクル（PDCAサイクル）を循環させることによってそれを実行していたことである．4社ともに，経営理念（ビジョン）実現への強い「思い」がそれぞれの経営者の言葉から伝わってきた．

　本章による考察の結果，成長期，成熟期，第二創業期における経営計画の策定・実行に関する確認できた知見をまとめると以下のとおりである．

　【知見1】成長期よりも成熟期・第二創業期と段階を経るにつれて経営計画における策定項目に経営理念が盛り込まれるなど内容の充実度が高い経営計画となる．

【知見2】成長期の経営計画は，対外的な情報の非対称性緩和を主目的に，対内的な情報の非対称性緩和にも配慮した内容，プロセス，実行となっている．ただし，資金調達ニーズがない場合には対外的な情報の非対称性緩和には配慮しない場合もある．

【知見3】成熟期の経営計画は，対内的な情報の非対称性緩和を主目的とする内容，プロセス，実行となっている．ただし，必要に応じて対外的な情報の非対称性緩和に配慮する場合もある．

【知見4】第二創業期の経営計画は，対外的な情報の非対称性と，対内的な情報の非対称性双方に配慮した内容，プロセス，実行となっている．

　ここまで理論研究と実態調査により，中小企業における経営計画の実行および策定に関する検討を進めてきた．次章では，本書のまとめとして発展段階別の経営計画のモデルを提示する．

注
1）磯部社長の発言を補足すると，当社が金融機関から資金を調達するのは，プロジェクト融資（不動産を購入してその物件から得られる利益により返済を行う）が多く，その場合には当然ながら当該物件による収益返済ができるかどうかの検討を行い，その結果に基づいて金融機関への借入を要請している．つまり，案件ごとに計画を提出したうえでの資金調達となっている．したがって，会社全体の経営計画の開示よりも金融機関としてはプロジェクトの計画を重視することになる．それも経営計画の一部（設備投資計画）であるといえるので，対外的な情報の非対称性緩和の効果に否定的というわけではない．

2）PDCAサイクルは，マネジメント・サイクルと同様に使われることが多い．Pはplan（計画），Dはdo（実行），Cはcheck（評価），Aはaction（改善）を意味する．

3）例えば，中期経営計画のテーマとして「安全戦略」があり，その成果指標の1つは，安全育成会と呼ばれる安全会議の参加率となっている．

4）目標管理カードとは，自ら目標を設定し，その達成度合いを自ら評価するもので上長が進捗管理をしながら運用している．これにより，従業員の問題解決能力を向上させるとともに，上司の教育能力を高めることを企図している．

135

第6章 中小企業の発展段階に応じた経営計画と情報の非対称性緩和の視点

はじめに

「優れた理論ほど実践的なものはない」. 行動科学者のK. Lewinの言葉である. 本書は, 金融機関や政府系の中小企業支援機関で中小企業と向き合ってきたこれまでの経験と,「中小企業診断士」といういわゆる経営コンサルタントとして, 実際に経営者とともに経営計画の策定やその実行にあたってきた「実践」を理論化しようとするものである.

　本章では, まとめとして経営計画のモデルを発展段階別に提示することとしたい. なお, 成長期, 成熟期, 第二創業期に関しては理論分析と実態調査を踏まえたモデルであるが, 衰退期については, アンケートデータのサンプル数の制約上分析は行っていない. このため, 衰退期に関しては「試論」という形での提示となる. この衰退期に関する実証的な検討は他日を期したい.

1　経営計画モデルに関する先行研究

（1）　Steinerの経営計画モデル

　各段階別のモデルに入る前に一般的な経営計画モデルについて先行研究を紹介する. Steiner [1977：13-53] において, **図6-1**のモデルが提示されている. これは, 経営計画の構造とその過程についての概念的なモデルである. それは, 総合計画の意味を説明するとともにそのプロセスがいかに進行するかを説明している. Mintzberg [1994：96] によれば, Steinerのモデルには, ① 計画策定ステップの包括性, ② ステップの緻密な順序付け, ③ その実行ステップの詳

しさ,という3つの特徴がある.

戦略計画と戦術計画

図6-1において,図の下部に「戦略計画」と「戦術計画」の記載がある.この点に関して説明を加える.Steinerは,図6-1における番号の1～5までを戦略計画と位置付けている.つまり,図の左側の4つのマスに入っているものを含むばかりでなく〔基本戦略〕を含んでいる.そして,このマスには個別的戦略と呼ばれるものも含む.

組織の役割,目的,哲学そして長期目標は主たる戦略である,とSteinerは述べている.個別的戦略は,会社買収や特定の目的達成のための資源の獲得や処分(たとえば設備投資),また海外市場への進出や新製品の開発及び販売のようなことに関する決定である.個別的戦略の決定のプロセスは,戦略計画の一部となる.

また,図6-1の番号6,7を戦術計画としている.戦術計画は,戦略計画実行のための行動を意味している.戦略計画と戦術計画は非常にはっきりと区別されている場合もあるが,両者の中間にどちらともつかない領域がある場合もありうる.

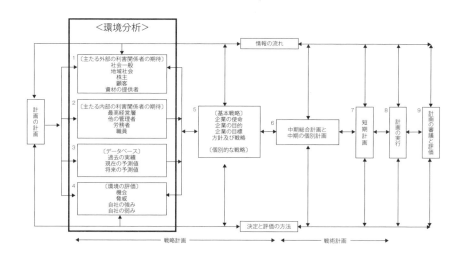

図6-1　Steinerの経営計画モデル

出典:Steiner [1977:邦訳 14] を参考に筆者作成.

計画の計画

図の左端の「計画の計画」とは計画立案の規定を指し，計画規定とも呼ばれる．この計画規定は企業によっては２，３ページのものから数百ページに及ぶものまである．計画規定には，次の諸点を含むとされる．（１）社長の有効な公式の計画が企業経営にとって不可欠のものであることを強調する前文，（２）言葉の定義，（３）計画システムのために必要なデータの項目，（４）データを提供すべき人，（５）データを提供すべきスケジュール，（６）特別に必要な計画の規則，などである．特に（５）は重要である．個別（プロジェクト）計画においては，それをいつまでに達成するかを中心に進捗計画を予め決定し，全社的に周知徹底する必要がある．

環 境 分 析

次に環境分析は，**図６−１**の２つ目の列の４つのマスに入っているものを指す．この言葉についての定義は様々あり，必ずしも一致した意見があるわけではない．いかなる組織もその大きさや収益性に関係なく，この環境分析に含まれる要素をすべて徹底的に分析することはできない．そこで実際の企業は，その組織の成長・繁栄・存続にもっとも重要な過去・現在・未来の要素を明らかにし，それを理解するために思考と努力を集中させなければならない．

１〔主たる外部の利害関係者の期待〕

かつては，企業はただ１つの目標しか持っていないといわれた．それは，資源を有効に使い，それによって消費者が喜んで支払う価格で消費者が求める財やサービスを提供することにある，というものである．もし，それが実現すれば利益が最大になるであろうと考えられた．しかし，最近では「企業の社会的責任（CSR）」という言葉が一般化しているように，すべての組織は多様なかかわり方の外部利害関係者を有しており，それらを経営者は考慮に入れて経営しなければならない．したがって，経営計画はこうした利害関係者の評価から始まるとSteinerは述べている［Steiner 1977 : 18］．

２〔主たる内部の利害関係者の期待〕

経営者も従業員もともに企業に利害関係を持っており，計画の過程においてはそれを評価し，計画の中に位置付けなければならない．特に重要なのは経営者の価値観から出てくるところの利害である．その価値は，企業の長期的な基

本目標（経営理念）を決めるものとなる．

3〔データベース〕

図6-1のデータベースに含まれるものは，過去の業績，企業の現状，未来の見通しに関する情報である．この種類に関する情報として集められなければならないものは，たとえば，売上高，利益，総資本利益率，労働生産性，外部環境との関係，新製品開発の能力などである．

4〔環境の評価：機会と脅威，強みと弱みの分析（SWOT分析）〕

これは，環境分析におけるもっとも重要な領域であり，これらの要素の分析によって，他の分析よりもずっと具体的な戦略を導き出し，また，戦略を評価するための有効なデータを提供する．

SWOT分析を行うためには，ブレーン・ストーミングがしばしば利用される．特定の問題について，スタッフの徹底的な調査が行われたり，経営者と何人かのスタッフがSWOT分析を行い，それに基づいて戦略を構築したりするというやり方もある．

企業の強みを利用し，弱みを避けるべきであるということは無論であるが，今日の強みは明日の弱みになりうるということを理解しなければならない．成功するために必要な条件は，利用すべき機会を正しく発見し，避けるべき脅威を明らかにすることである．

基 本 戦 略

上述のステップで決定された前提に基づき，経営計画の過程は，組織の基本的な役割・長期的な目標・方針・個別戦略などを決定するプロセスへ進む．

非常に多くの企業が，社是・社訓や企業の哲学または企業の目的を述べたものを作り従業員にも配布している．企業の役割は，企業が社会で果たす役割または目的等について述べたものである．もし，それが非常に抽象的であり，一般的に述べてあればそれは基本的な理念あるいは哲学とみなしうる．

企業の目標はやや具体的に述べられ，それを達成することが望ましい領域である．企業の目標は，計画のプロセスにおいて非常に重要である．なぜなら，目標は組織における重要な動機づけの要因だからである．人々が組織において目標設定のプロセスに参加する度合いが高いほど，その目標を達成する動機が大きくなる．また，目標は業績測定の標準ともなる．

目標が設定されると次には，それらを達成するための方針と戦略とを決定する．方針は行動への広い指針であり，トップ・マネジメントの決定についていえば，方針と戦略との区別はないとSteiner［1977：31］は述べている．

つぎに，企業の機能別の領域における個別的な戦略についてである．個別的な戦略については一般的な分類はない．戦略は組織のあらゆる活動領域，たとえば，マーケティング，製品，財務，多角化，価格設定，等についてたてうる．成功する戦略はこれらの領域についての戦略の集まりであることが多いとSteiner［1977：36］は述べる．個別的な戦略のアイデアを発見するためにはいくつかの方法がある．公式の長期計画システムの中における戦略計画の体系的なプロセスは，成功する個別的な戦略を発見するために望ましい方法である．ほかにもいろいろな方法がありうる．たとえば，現在の製品市場戦略を検討し，それが未来にも望ましいものかを問うてみる．多数の製品を持つ企業であれば，製品のマトリクスをつくり，業界の魅力度と企業の競争力とによって位置づけてみる．また，製品のライフサイクルにおける位置を明らかにするといった方法も考えられる．自社製品が製品ライフサイクルにおいてどの段階にあるかによって，適切な戦略は決定的に異なったものになる．

決定と評価の方法

戦略のアイデアが発見されると，次にそれは評価される．経営者は適正な評価がなされること，そしてその評価は評価を受ける個別計画の性格からみて適合しているかどうかを確かめるべきである．評価をするためには，企業ごとに正しい分析をするための評価項目を定めることをSteiner［1977：37］は提唱している．

中期総合計画と中期の個別計画

中期計画は，企業の機能別の諸領域を年度ごとの数字で表し，戦略計画の実行によって長期の目標と企業の役割とを達成することを可能にするためのプロセスである．一般的にこの立案プロセスで2つの方法が用いられる．第1に，各部門または事業部の機能別の計画が年度ごとに立案される．第2に中期計画または戦術計画を，主たる個別計画についてだけ詳細に書き上げるのである．たとえば，新製品の開発や新市場への浸透計画に集中する，などである．

なお，管理会計の視点において，個別計画とは**図6−2**の枠組でとらえるこ

図6-2 管理会計の伝統的体系
出典：笠井［1988］および望月［2009］より筆者作成．

とができる[1]．管理会計における個別計画とは，会社全体または各部門におけるプロジェクトに係る計画である．たとえば，新製品開発計画や設備投資計画，販売促進計画等個々の問題ないしプロジェクトを評価するために必要な会計情報を提供する領域である．

短期計画

次のステップは，短期計画を中期計画に基づいてたてることである．公式の長期計画を持っている企業の約半分は，中期計画の初年度（第1年）の数字は短期計画の予算の数字と同じであるとSteiner［1977：43］は述べている．年度の予算は，中期計画に比べればはるかに詳細である．また，年度計画はより多くの項目を内容とする．計画内容は，短期的に経営者が何を統制したいかということに依拠している．

Steiner［1977］においては，計画の実行に関する記述はほとんどない．このため，Steinerがどのように計画の実行，すなわち差異分析の実施とその対策の実行についてアイデアを有していたかは定かではない．

以下，Steinerのモデルを参考にして本書で提示するモデル（**図6-3**）との相違点を3点指摘する．

（2）　中小企業の経営計画モデル

経営計画モデルの相違点に触れる前に，経営管理面における大企業と中小企業の違いについて指摘しておきたい．川上［2013：355］によれば，中小企業は大企業と異なり，「所有者が経営者であること」が多く，経営の「管理・執行機能も経営者自らが果たしていること」が多い．それだけに経営者の考え方や能力によって経営の成果が左右されることになる．ここで，経営者の考え方や

第6章　中小企業の発展段階に応じた経営計画と情報の非対称性緩和の視点　　141

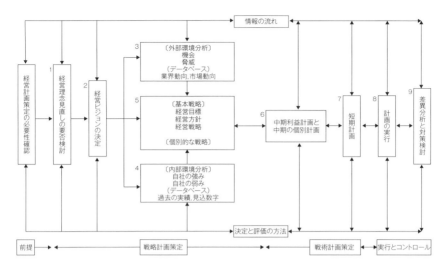

図6-3　中小企業の経営計画モデル

出典：筆者作成．

構想力を端的に示すものが経営理念であり，経営ビジョンであろう．だからこそ，経営計画の策定に際しては，経営理念と経営ビジョンをしっかりと検討することが重要になるのである．

　図6-1のSteinerモデルが大企業の経営計画モデルとすれば，**図6-3**は中小企業の経営計画モデルである．主要な相違点として3点指摘する．第1に「計画の計画」が「経営計画策定の必要性確認」に代わっている．中小企業において計画規定が作成されているケースはまずないといってもよいであろう．上場企業であれば当然でも中小企業にとっては，そのような規定を作る人材と時間はない．ただし，経営計画を策定する意義については，社内的に確認しておく必要があると考えられる．河野［1980：23］によれば，長期経営計画の前提として「計画の必要性」をあげている．河野は，計画作成の目的として（1）環境変化に革新的に対応すること，（2）企業の戦略を統合することの2つを指摘している［河野 1980：28-29］が，中小企業においても，自社を取り巻く環境変化がどのように進展していくのか，それに対して自社の限られた経営資源をどのように対応させていくのか，戦略（方針）を明確にして社内外に示してい

くこと，そのために経営計画の策定が求められることを経営者のみならず幹部社員を含めて認識することが重要と考えられる．

　第2に「企業の使命」と「企業の目的」は「経営理念」とみなされるが，それは基本戦略の内容ではなく，独立して検討すべきものと考える．すでに，作成されていればそれを変える必要があるのかどうか，作成されていなければ，作成の必要性と具体的な作成の方法を検討すべきであろう．ただし，創業期や成長期の企業で経営理念の制定には機が熟していない企業に関しては，そこを飛ばして「経営ビジョンの決定」に進むことは可能と考える．

　第3に環境分析に関しては，「外部環境分析」と「内部環境分析」の2つに整理した．Steinerのモデルのように，利害関係者に関する分析をすることは中小企業には荷が重いと考えられる．実際に，経営環境分析を行っている企業が4割に満たない状況では，まず，環境分析に取り組むことになろう．その意味で必要最低限のレベルとして掲載した．環境分析の方法は多数あるが，これまでたびたび言及した「SWOT分析」が代表的な手法である．

　その他の項目は，表現を変えた程度で基本的な違いはない．**図6-3**の中小企業の経営計画モデルを踏まえて，各発展段階の経営計画についてその特徴を次節以降で説明する．

2　中小企業における発展段階別の経営計画の特徴

（1）　成長期における経営計画の特徴

前章における高末株式会社の事例を踏まえると一口に成長期といっても，創業期のあとに迎える成長期と，成熟期や第二創業期を経たあとに訪れる第二成長期とでは，当然その内容は違ってくると考えられる．ここでは，株式会社みらい経営のような創業期の後に迎える成長期（第一成長期）を前提にして検討する．

　最初に成長期，成熟期，第二創業期それぞれの経営計画の概要を示すと**表6-1**のとおりである．

経営理念見直しの要否検討

　第4章で松下電器産業の創業者である松下幸之助が経営理念を作成するに至った経緯に触れた．経営理念を重視する松下幸之助でさえ，経営理念の原型

第6章　中小企業の発展段階に応じた経営計画 と情報の非対称性緩和の視点　　*143*

表6-1　中小企業の発展段階別経営計画の概要

	成長期	成熟期	第二創業期
経営理念見直しの要否検討	経営理念が制定されていれば浸透策の検討および経営計画への組入れを行う	経営理念が環境変化に対応しているか検討および経営計画への組入れ	後継社長の思いと経営理念がマッチしているか検討し，場合によっては見直し
経営ビジョンの決定	中期の経営ビジョンを明確化し経営計画に組み入れる	同左	同左
経営環境分析（実施可能性の視点）	少なくとも内部環境分析は実施市場の成長が早いなど変化が激しい場合は外部環境分析の実施が望ましい	同左	内部環境・外部環境分析を実施
基本戦略の内容	経営目標・経営方針・経営戦略は経営計画に盛り込む個別戦略は可能な範囲で作成	同左	同左
中期利益計画	可能なレベルで策定	同左	同左
中期個別計画	個別計画は可能な範囲で策定	同左	同左
経営計画策定組織	社長もしくは管理職以上で策定	社長，他の役員や管理職クラスを巻き込むのが望ましい	社長を含む管理職以上で策定
経営計画の開示	社内および取引金融機関や場合によっては株主にも開示	基本は社内，要請があれば必要な範囲で社外にも開示	社内および取引金融機関
差異分析の実施サイクルと重点	毎月目標の上方修正の必要性の決定（市場の成長が早く，競争が激しい場合）	少なくとも四半期ごと目標と実績との乖離の回避	毎月
差異分析メンバー	部長以上	管理職以上	管理職以上

出典：筆者作成.

となる「綱領」と「信条」が確立されたのは創業後11年が経過してからであった．株式会社みらい経営のように成長期の企業で経営理念を策定している企業はもちろんあるが，それが経営計画や経営目標とリンクしているケースは必ずしも多くない．経営理念が重要であるということ自体は理解していても，なぜ重要なのかということは，実際に何らかの事件やトラブルが発生してはじめてわかるものである．つまり，事が起こって判断に迷ったときに，その基準となるのが経営理念であり，そうした事象を経験して初めて経営理念がその企業の従業員が行動をとり判断する時の指針となる「バックボーン機能」を果たすようになる．この点は，株式会社みらい経営の磯部社長が自身の経験を語ったと

おりである.

したがって，経営者にそうした経験がないと経営計画に経営理念を盛り込むという考えは思い浮かばないかもしれないが，成長期の企業においても「経営理念見直しの要否検討が経営計画の出発点」であると考える.

経営ビジョンの決定

中期の経営ビジョンとは，策定する中期経営計画のゴールとなる「あるべき姿」を描いたものと考えられる．したがって，3年後ないし4年後に自社がどのような姿になっていたいかを示したものである．それを描くことによって，「作者」である経営者にとって，また「読者」である従業員にとっても将来のイメージが明確化し，それを実現するという動機づけにつながると考えられる.

アンケート調査によれば，成長期の企業においては，経営理念よりも経営ビジョンのほうが経営計画に取り入れられていたが，経営理念が盛り込まれていなければ，少なくとも経営ビジョンは経営計画に取り入れたいところである.

経営環境分析

アンケート調査では，成長期企業においては成熟期・第二創業期の3分の1である13％しか経営環境分析は実施されていなかった．成長期企業は，成長の原動力である新技術などを保有しているが，人材がまだ不足しており，社長自ら実務に当たらなければならない状況も想定され，経営環境分析を行うことはハードルが高いことは理解できる．特に外部環境分析は，データの収集やどのような切り口で分析するかなど専門家のサポートを受けないと難しいかもしれない．最近の中小企業施策に「認定経営革新等支援機関」（以下「認定支援機関」と略す）という制度があり，金融機関や税理士，公認会計士，中小企業診断士等が登録している．認定支援機関は，中小企業の抱える経営課題を解決するための経営の「見える化」や事業計画策定の支援等を行っており，商工会議所や商工会，各県の中小企業支援センター等に相談すればすぐに紹介してもらえるようになっている.

そうした支援の中には事業者の費用負担がない制度もあり，うまく活用すれば自社の経営に役立つ制度となっている．こうした制度も活用しながら経営環境分析を実施することが望まれる.

株式会社みらい経営の磯部社長は経営計画策定のプロセスに経営環境分析を

取り入れることの重要性を理解し，次期の経営計画には取り入れたいと述べていた．経営環境分析を行い市場の伸びがわからないと，たとえ計画数字を達成していても，本当はさらに数字を伸ばさないと市場成長率に届かないということになりかねないからである．

基本戦略の内容

基本戦略の中には全社的な経営目標が必要であろう．それは，できれば数値目標であることが望ましいし，少なくとも測定可能であることが求められよう．また，経営方針と経営戦略に関しては，厳密には区別すべきと考えられるが，中小企業の人材や策定に振り向けられる経営資源を考えれば，必ずしも明確に分けずともいずれかが策定されていればよいのではないかと考える．販売・営業もしくはマーケティング，財務といった個別戦略に関しても，策定が望ましいのはもちろんであるが，現実的には，そこに携わることのできる人材がいるかどうかといった企業の個別的な事情に委ねざるを得ないと考えられる．

中期利益計画

中期利益計画については策定が望ましいが，これについても企業の個別的な事情により可能であれば策定するということになろう．しかし，アンケート結果によれば利益計画自体は成長期企業で73%が策定しており，少なくても短期計画に関しては予算としての利益計画が求められる．成長期企業においては，市場の環境変化が激しいので，中期計画よりも短期計画重視となることはやむを得ない．

中期個別計画

中期個別計画についても策定が望ましいが，企業の持つ人材など経営資源の制約等により計画の策定には至らないケースもありうると考えられる．アンケート調査における経営計画の内容に関しては，中期計画や短期計画という種類ごとには調査していないため実情は不明瞭である．高末株式会社については，営業グループごとに業績，安全，基本・品質といった項目別に計画を策定している．また，「横串」という表現で本部のスタッフ部門である事業推進グループが，運送・構内等機能別に安全，基本・品質という項目ごとに計画を策定している．

経営計画策定組織

経営計画の策定組織に関しては，成長期企業の場合には社長が中心とならざるを得ない．しかし，役員や管理職が策定に関与している企業も半数近くあった．策定段階から幹部社員を巻き込むことにより，経営参画意識を醸成したり，マネジメント能力を高めたりする，といった効果が得られると考えられる．

経営計画の開示

経営計画の開示は，情報の非対称性緩和にかかわる部分である．アンケート調査によれば，成長期企業の場合には，8割以上が社内だけではなく取引金融機関や株主に対しても開示している．ただし，インタビュー調査した高末株式会社のように，資金調達ニーズや財務体質との関係で必ずしも社外への開示を行わないケースもみられる．この経営計画の開示と情報の非対称性緩和については，本書においてきわめて重要な論点であるため次節で改めて取り上げる．

差異分析のサイクルと重点

経営計画と実績との差異分析は，アンケート調査によれば成長期の企業に関してはすべての企業で行われていた．差異分析は，ほとんどの企業が毎月のサイクルで実施していた．基本的には，毎月実施することが望ましいといえよう．なぜなら，成長期企業の置かれた経営環境は市場の成長が早かったり，変化が激しかったりといった状況にあるため，タイムリーな業界動向の把握と分析が必要になるためである．

差異分析の主な内容は目標水準の見直しと目標達成度の両方の評価である．場合によっては，目標の上方修正が必要となるケースも出てくるだろう．市場環境が比較的安定している成熟期企業の差異分析サイクルが四半期ごとであることを考慮すれば，人的資源に制約がある成長期の中小企業において毎月というサイクルは妥当な水準と考えられる．

差異分析のメンバー

差異分析のメンバーは，他の発展段階と比べると管理職以上の割合が低いという調査結果が出た．これは，前述のとおりこの発展段階の人材の厚みが相対的に薄く，会議よりは実務に多くの時間を割きたいという意向があるものと考えられる．差異分析は概ね部長以上により検討されているが，3分の1の企業は管理職以上で実施しており，情報の非対称性緩和につながる情報共有という

面では仕組みとして定着しているものとみられる．企業規模によっては，業務
との関係で管理職が会議に参加するということは困難な企業もあろう．その場
合は，会議に参加した部長等がいかに部下とのコミュニケーションを図り情報
を共有するかということが重要になる．

（2） 成熟期における経営計画の特徴

成熟期の経営計画の概要は**表6-1**のとおりである．概ね成長期企業と同様
であるが，いくつかこの期に固有の特徴がある．

経営理念見直しの要否検討

企業が創業期の不安定な時期を乗り越え，成長期の急拡大を経て成熟期の安
定成長に入るころには，経営理念はある程度企業内に浸透しているものと考え
られる．そのようなタイミングでは，当初作成した経営理念が環境変化に対応
できていない可能性もありえよう．経営理念は頻繁に変えるべきものではない
ことは，Collins & Porras [1994] 等で考察されているとおりであるが，一切変
えないというのも問題がある．

経営計画の策定に合わせて，今一度自社の目指す究極のあり方はどうなのか，
検討することは非常に重要なことであろう．そして，見直したうえで改めてそ
の経営理念を達成すべく経営計画を策定していくのである．

経営ビジョンの決定

アンケート調査によれば，成熟期の企業においては，経営ビジョンよりも経
営理念のほうが経営計画に取り入れられていた．この段階の企業が，他の段階
に比べて極端に経営ビジョンの設定が少ないのは，経営が安定しており中期的
にビジョンを変更していく必要性が低いためと考えられる．

経営環境分析

アンケート調査では，成熟期においては第二創業期と同率の39％が経営環境
分析を実施していた．成熟期企業は，成長期の企業に比べれば人材が育ってき
ており，経営環境分析を行うスタッフが確保できているものと考えられる．し
かし，依然4割の企業しか実施していないことも事実であり，今後認定支援機
関等の支援も得ながら実施していくことが望まれる．

基本戦略の内容

アンケート調査では成長期に比べると経営目標，経営方針，経営戦略の各項目とも高い数字となっている．特に，経営方針については83％の企業が記載しており定着しているものと考えられる．経営目標は，数値目標であることが望ましいが，少なくとも測定可能であることが求められよう．また，経営方針と経営戦略に関しては，厳密には区別すべきと考えられるが，中小企業の人材や策定に振り向けられる経営資源を考えれば，必ずしも明確に分けずともどちらかが策定されていればよいのではないかと考える．販売・営業もしくはマーケティング，財務といった個別戦略に関しても，策定が望ましいのはもちろんであるが，現実的には，そこに携わることのできる人材がいるかどうかといった企業の個別的な事情に委ねざるを得ないと考えられる．

中期利益計画

中期利益計画については策定が望ましいが，これについても企業の個別的な事情により可能であれば策定するということになろう．しかし，アンケート結果によれば全社利益計画は成熟期企業で67％が策定しており，短期計画に関しては予算としての利益計画が求められる．

中期個別計画

中期個別計画についても策定が望ましいが，企業の持つ人材など経営資源の制約等により計画の策定には至らないケースもありうると考えられる．アンケート調査における経営計画の内容に関しては，中期計画や短期計画という種類ごとには調査していないため実情ははっきりしない．

経営計画策定組織

成熟期企業は，業績が安定しており大きな変化がないために，そもそも，経営計画の策定にはやや消極的な企業が多い．新製品開発や新事業進出といった新たな取り組みを考えるよりは，既存の市場や顧客をしっかりフォローしていくことに比重が置かれている．そうしたことから，経営計画の策定にあまり経営資源を配分しない傾向にある．したがって，社長が自ら経営計画を策定している企業も他の発展段階に比べて多くなっている．ただし，情報の非対称性緩和の視点や幹部社員のモチベーション向上およびマネジメント能力向上といった観点からは，極力他の役員や幹部社員を巻き込む形で策定することが望まし

い．さらに，成熟期企業では，「脱成熟」が待ったなしの課題である．経営者のみならず従業員が経営計画策定にあたりながら，新しい事業への進出を計画することが重要である．

経営計画の開示

成熟期企業は，業績が安定しており金融機関からの資金調達にはそれほど苦労していない企業が多いため，他の発展段階に比べて社外への開示が少ないことはすでにみたとおりである．しかし，第5章で取り上げたA社のように金融機関に対して書面での開示はしていないものの，融資申し込みの際には口頭で説明しているという事例もあった．しばらく設備投資をしておらず，設備老朽化のため多額の更新が必要になる製造業などでは，長期資金の導入が必要になるケースも出てくる．金額的に従来の借入実績を大きく上回るような場合には，あらかじめ経営計画を取引金融機関に開示するなどして，いざというときに融資してもらえるような情報提供および関係の構築が望まれる．

差異分析のサイクルと重点

前述のとおり業績が安定している成熟期企業においては，特に利益計画を中心とする数値計画の差異分析に関しては，それほど必要性を感じていない企業も多い．できれば，毎月実施することが望ましいと考えられるが，各企業の実情に応じて四半期ごとの分析実施でも可としたい．また，差異分析の重点は，成長期企業とは異なり目標の上方修正よりも目標の達成にあると考えられる．

差異分析のメンバー

差異分析に関しては管理職以上で実施している企業が多かった．策定組織のところでも触れたように，情報の非対称性緩和の視点からは，少なくとも管理職以上が差異分析にかかわり，経営参画意識を高めるとともに，マネジメント能力向上にも生かすことが望まれる．

（3）　第二創業期における経営計画の特徴

第二創業期の経営計画の概要は**表6-1**のとおりである．概ね成長期企業と同様であるが，いくつかこの期に固有の特徴がある．

経営理念見直しの要否検討

第二創業期企業は，事業承継が行われて間もない企業を想定している[2]．第5

章で取り上げた株式会社テクノプラストの中村社長は「社長就任時に経営理念を見直すという選択肢があったかもしれないが，先代社長の『思い』が詰まっており，あえて変更しなかった」と語っていたが，経営理念が後継社長の「思い」とマッチしているかを経営承継後に再検討するということは，第二創業期の企業にとって必要不可欠なプロセスと考えられる．

経営ビジョンの決定

アンケート調査によれば，第二創業期においては，経営理念と経営ビジョンがそれぞれ7割の企業で経営計画に取り入れられていたが，経営理念が盛り込まれていなければ，少なくとも経営ビジョンは経営計画に取り入れたいところである．

経営環境分析

アンケート調査では，第二創業期の企業の約4割が経営環境分析を実施していた．新製品開発や新事業分野進出に挑む第二創業期企業においては，内部環境だけではなく，外部環境を踏まえた方針・戦略の策定が求められる．進出をもくろむ市場の動向や顧客ニーズの検討なしに限られた経営資源を新分野に投入したり，多額の借入をしたりすることはリスクが大きいといえよう．

基本戦略の内容

アンケート調査では，経営目標が78％と高く，次いで経営方針，経営戦略が6割以上の企業で盛り込まれていた．経営目標は，できれば数値目標であることが望ましいし，少なくとも測定可能であることが求められよう．また，経営方針と経営戦略に関しては，厳密には区別すべきと考えられるが，中小企業の人材や策定に振り向けられる経営資源を考えれば，必ずしも明確に分けずともどちらかが策定されていればよいのではないかと考える．販売・営業もしくはマーケティング，財務といった個別戦略に関しても，策定が望ましいのはもちろんであるが，現実的には，そこに携わることのできる人材がいるかどうかといった，企業の個別的な事情に委ねざるを得ないと考えられる．

中期利益計画

中期利益計画については策定が望ましいが，これについても企業の個別的な事情により可能であれば策定するということになろう．しかし，アンケート結果によれば全社利益計画は第二創業期企業で81％が策定しており，少なくとも

短期計画に関しては予算としての利益計画が求められる.

中期個別計画

中期個別計画についても策定が望ましいが，企業の持つ人材など経営資源の制約等により計画の策定には至らないケースもありうると考えられる．アンケート調査における経営計画の内容に関しては，中期計画や短期計画という種類ごとには調査していないため実情ははっきりしない.

経営計画策定組織

後継社長がどのような経営を行おうとしているのか．従業員としては，期待半分ある意味「手腕を値踏み」するような思いで見ているものと考えられる．そうした従業員，特に管理職クラスの先代子飼いの幹部社員とともに経営計画を策定することは，社長の思いや考え方，または能力・資質といったところまで明白になる可能性もあり，「両刃の剣」にもなりかねない．しかし，それでもなお，経営計画策定を通じて社長と幹部社員との間の情報共有が図られることは，情報の非対称性緩和という観点からメリットは大きいと考えられる.

経営計画の開示

前述のとおり，従業員は後継社長がどのような経営を行うのか非常に興味を持っている．その意味で，経営理念をはじめとして，経営環境分析を踏まえた今後の方向性や目標等が明確に記載された経営計画が開示されることは，自社が今後どうなっていくのか，このまま，会社に居続けたほうがいいのかどうか等従業員が判断するためにも重要な意味を持つ.

同様に，取引金融機関にとっても，後継社長の経営方針や取り組み姿勢，経営者としての戦略構築力といった能力を見極めるうえで，経営計画の開示は重要な意味を持つ．資金調達のニーズがそれほどない企業にとっては，取引金融機関を含む社外への開示は積極的な意味を持たないかもしれないが，外部の客観的な見方を知るうえで社外への開示は経営にメリットがあると考えられる.

差異分析のサイクルと重点

経営計画と実績との差異分析は，アンケート調査によれば第二創業期の企業に関しては9割の企業で行われていた．差異分析は，55%の企業が毎月のサイクルで実施していた．基本的には，毎月実施することが望ましいといえよう．なぜなら，第二創業期企業の置かれた経営環境は市場の成長が早かったり，変

化が激しかったりといった状況にあるため，タイムリーな業界動向の把握と分析が必要になるためである．

差異分析のメンバー

差異分析のメンバーは，他の発展段階と比べると管理職以上の割合がもっとも高いという調査結果が出た．これは，代替わりした後継社長が同世代の若い管理職を巻き込んで経営を行う意向があるものと考えられる．また，情報の非対称性緩和につながる情報共有という面での仕組みとして定着しているものとみられる．

3　経営計画の策定・実行による情報の非対称性緩和の視点

（1）　経営計画の策定・実行の経営管理上の効果

筆者が商工会議所等で経営計画策定セミナーの講師を務めたり，コミュニケーションの研修を行ったりする場合に，必ず提示し説明している図がある．それは，**図6-4**のとおり，Barnardの「組織の成立要件」を示したものである．

Barnard [1938] によれば，組織とは「2人以上の人々の意識的に調整された活動や諸力のシステム」であり，企業を含めた組織が成立するためには，① 共通目的，② 協働意欲（貢献意欲），③ コミュニケーションの3つの要素が必要とされる．ここで，企業における共通目的とは，経営理念や経営ビジョン，

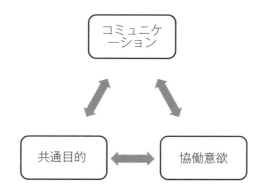

図6-4　組織の成立要件
出典：Barnard [1938] をもとに筆者作成．

経営目標等で示されるものと考えられる．協働意欲とは，組織の共通目的達成のために努力しようという個人の意欲のことであり，モチベーションやモラール（士気）といった言葉でも示される．コミュニケーションとは，ここでは組織の共通目的を組織のメンバーが誤解なく理解するための情報伝達であり，その意味で経営陣から従業員へのコミュニケーションが重要となる．

　セミナーや研修では，組織の成立要件の3要素を説明したうえで，具体的にこれらの要素を円滑に作用させて企業が成果を上げていくための絶好のツールが「経営計画」であることを指摘している．その理由は以下のとおりである．

　① 共通目的を明確化する

　共通目的を「経営理念」とみなして考えてみよう．多くの大企業では経営理念は策定されているものの，中小企業での策定は半数程度にとどまっていることは第1章で関［2007］を例に触れたとおりである．さらに，多くの中小企業ではそれが必ずしも浸透していない．つまり，従業員にとって組織の共通目的である「経営理念」は，非常に認知されにくいものとなっているのが実情である．

　本書における経営計画は，繰り返し述べているように「経営理念を実現するために策定するもの」である．つまり，経営計画は経営理念からスタートするのであり，経営計画を策定し開示することにより従業員や外部利害関係者は当該企業の進む方向や目指す姿を理解することができる．つまり，情報の非対称性が緩和されるのである．

　② 従業員のモチベーション（協働意欲）を高める

　筆者が関与するモノづくりのある中小企業は，電気機器の部品分野でニッチトップ企業であるが，経営者の方針で経営理念や経営ビジョンを明確にしてこなかった．経営者とは，経営理念の必要性について繰り返し議論していたが，今まで経営理念がなくても業績は堅調に推移してきたことであるし，必要はないとのことであった．しかし，筆者があるとき退職目前の若手従業員と話をした際に，「なぜ，これほど良い会社を辞めるのか？」と聞いたところ，「経営理念や経営ビジョンがないため，会社がどのような方向に進むのかわからなくて不安だから」との答えが返ってきた．

　当該企業は，高収益かつ財務内容も超優良企業であり，一応経営計画を作成

し毎月の差異分析も社長以下幹部が出席するマネジャー会議（13~15名が参加）で行っている．しかし，残念ながら経営理念がなく会社の目指す方向性が不明確なため，オブザーバーとして会議に参加していても議論が迷走することが多いと感じている．

ただし，経営計画の策定や差異分析はマネジャーが主体的に行っており，経営参画意識は高いと思われる．経営理念に基づく経営計画を策定すれば，有望な若手社員をつなぎとめるだけではなく，幹部従業員のモチベーションが高まるものと考えられる．また，継続的に策定や差異分析にかかわることで従業員のマネジメント能力の向上にもつながる．マネジメント能力の向上は，従業員の成長実感に結び付く．そして成長実感は，組織に対する貢献意欲のさらなる向上につながる．つまり，協働意欲を高めるうえで経営理念に基づく経営計画の策定や開示は効果的な手段といえよう．

③コミュニケーションツールである

「経営理念に基づく経営計画」は，それ自体がコミュニケーションツールになる．つまり，経営理念を実現するために，中期的なビジョンを掲げて目指す姿を明確にしたうえで，具体的にどうすればよいのかを示した経営計画を策定し，それが開示されることによって，各個人の業務が経営計画に関連付けられたものになっていく．たとえば，第5章でインタビューしたA社では朝礼等の場を通じて日常的に経営計画を意識させる取り組みが行われていた．

逆に言えば，経営者が自社の経営計画を社内および社外に開示しない場合は，社内外の利害関係者はその企業の将来性を知る術がないため，当該企業との関係を断つ恐れがある．従業員であれば，特に将来有望な若手や幹部候補の優秀な人材が「心理的契約」を結べず早期に退職してしまいかねない．外部の利害関係者では，取引金融機関が融資を引き揚げないまでも，支援姿勢が消極化する可能性がある．情報の経済学でいう「逆選抜」が起こるのである．

また，経営計画の達成状況を開示することによって，社内外の利害関係者に対してスクリーニング効果を醸し出す．スクリーニング効果は後述のとおり，情報を持たない側が情報を持っている側から情報を入手しようとして起こす行動である．経営計画の開示は，社外の利害関係者が情報を入手するための探索コストや時間を節減させる効果がある．その意味でスクリーニング効果に寄与

第6章　中小企業の発展段階に応じた経営計画と情報の非対称性緩和の視点　　*155*

すると考えられる.

（2）　情報の非対称性への対応

　丸山［2011:260］によれば，情報の非対称性は通常2つのケースに分類される.
ひとつは，各個人が他人の知らない知識を持っている場合で「隠れた知識」と
呼ばれるケースである. もうひとつは，各個人が他人の行動を観察できない場
合で「隠れた行動」と呼ばれるケースである. 隠れた知識のもとでは「逆選抜」
の問題が生じ，隠れた行動のもとでは，「モラル・ハザード」の問題が生じる.

　逆選抜やモラル・ハザードへの対応には2つの方法があるとされる. ひとつ
は,情報収集によって情報格差を解消しようとすることである. その内容には,
隠れた知識についての「シグナリング」と「スクリーニング」および隠れた行
動の「モニタリング」がある. もうひとつは，適切なインセンティブを設計し
て逆選抜やモラル・ハザードを防止しようとすることである［丸山 2011 : 262-
263］.

　以上の整理を経営計画の策定・実行に適用してみよう. 中小企業において「隠
れた知識」とは，経営者の暗黙知であり，能力や資質も含まれる. その暗黙知
を明文化したものが策定された「経営計画」と考えられる. つまり，経営計画
が策定されないか策定されていても開示されない場合は，暗黙知は「隠れた知
識」のままであり，「逆選抜」が生じる可能性が高くなる.

　次に「隠れた行動」とは，実際にどのような経営が行われているかが利害関
係者に対して「見える化」されていない状態が想定される. ここで，実際の経
営状況を「見える化」するうえでもっとも適切なのが，経営計画の実行，つま
り，経営計画の差異分析とその結果に対する対応状況を開示することである.
実行状況を開示することで自らの経営に対する健全な緊張感が生まれ，経営者
の「モラル・ハザード」を回避することにつながる. 利害関係者にとっては,
経営者を「モニタリング」することになるのである.

　中小企業の経営者にとっては，上場企業と異なり，経営を「隠れた知識」や
「隠れた行動」にとどめることが，経営者としての「旨味」を確保するために
合理的な行動なのかもしれない. しかし，企業を健全に成長・発展させるため
には，あえて外部の視点に自らの経営を触れさせることが重要ではないかと考

えられる.

　ただし，中小企業の経営者の中には，経営計画や財務情報などを金融機関等
へ開示することによるリスクはかえって大きいのではないかとの指摘もある.
たとえば，せっかく開示しても毎期目標数値に届かなければ，経営能力を疑問
視される可能性があるのではないかとの指摘である．この点に関しては，数値
計画だけを経営計画として開示した場合，期中での報告をしなければ結果だけ
を見てそうした判断が下される可能性もある．しかし，中小企業における経営
計画は定性的な情報（経営理念・ビジョン・経営環境分析結果，経営方針など）が重要
であり，上場企業のように数値計画にそれほどこだわる必要はないし，むしろ，
結果ではなく，その過程でどのような活動をし，どのような努力をしたのかを
報告すること，つまり，プロセスや実行状況を報告することが重要と考えられる.

（3）　経営計画の策定・実行と情報の非対称性緩和の視点

　情報の非対称性緩和という視点から，経営計画の策定・実行の効果について
改めて整理してみたい．ここで「シグナリング効果」と「スクリーニング効果」
は以下のとおり説明できる．情報の非対称性が存在する状況下では，私的情報
を巡って次のような行動が考えられる．1つは，私的情報を独占している側が
自発的に自己の情報を開示するシグナリングという行動であり，もう1つは，
私的情報を持つ側のいろいろなタイプを情報のない側が，何らかの基準によっ
て区別するためのスクリーニングという行動である［木村 2002：15］.

　別の言い方をすると，シグナリングは情報を持っている側が情報を持ってい
ない側に対して，自らの価値を知らしめるために「情報を発信する」行動であ
る．つまり，情報を持っている側が先に行動する．一方，スクリーニングは，
情報を持たない側が情報を持っている側から「情報を入手しよう」として起こ
す行動である．つまり，情報を持っていない側が先に行動するのである［酒井
2008：15］.

　経営計画の策定・実行は私的情報を有する中小企業の行動であるので，ここ
では主にシグナリング効果がその対象となる．しかし，対外的に経営計画の開
示や進捗状況の報告が行われることによって，スクリーニング効果やモニタリ
ング効果[3]が生じるケースもあるものと考えられる．その点も踏まえて中小企業

第6章　中小企業の発展段階に応じた経営計画と情報の非対称性緩和の視点　　*157*

表6-2　中小企業における経営計画策定・実行の効果：情報の非対称性緩和の視点

		対内的な情報の非対称性緩和への効果	対外的な情報の非対称性緩和への効果
経営計画の策定	経営理念見直しの要否検討	シグナリング効果	シグナリング効果
	経営ビジョンの決定	シグナリング効果	シグナリング効果
	経営環境分析	シグナリング効果	シグナリング効果
	基本戦略の内容	シグナリング効果	シグナリング効果
	中期・短期経営計画設定	シグナリング効果	シグナリング効果
	策定組織のメンバー	（参加メンバーのモチベーション向上）	―
計画の実行	経営計画の開示	シグナリング効果（モチベーション向上）	シグナリング効果スクリーニング効果モニタリング効果
	差異分析のメンバー	（参加メンバーのモチベーション向上）	
	経営計画進捗状況の開示	シグナリング効果（モチベーション向上）	シグナリング効果スクリーニング効果モニタリング効果

出典：筆者作成.

が経営計画を策定・実行することにより，情報の非対称性緩和の視点からどのような効果が得られるのか**表6-2**のとおり整理してみた.

　経営計画策定プロセスにおいて，経営理念見直しの要否検討から中期・短期経営計画策定に至る過程は，社内もしくは社外に開示されることによってその内容が明らかとなり，結果的にシグナリング効果を示すことになる.

　また，策定に加わるメンバーは策定作業を通じて経営の根幹にかかわる情報に接することで，経営参画意欲が高まりモチベーション向上につながると考えられる. さらに，継続的に策定にかかわることによって，マネジメント能力の向上にもつながることになろう.

　計画の実行過程においては，まず経営計画を開示することによりシグナリング効果をもたらす. また，計画を開示することにより，従業員は企業の方向性を知ることができモチベーション向上につながることになろう. さらに進捗状況を開示することによっても同様の効果をもたらすと考えられる.

　また，差異分析のメンバーに加わった従業員は，毎月もしくは四半期ごと等のサイクルで自社の状況を把握することで，自らが経営に関与しているという

自覚や経営参画意識を高めるといったモチベーション向上につながると考えられる.

対外的な情報の非対称性に関しては,経営計画の開示と経営計画進捗状況の開示が重要である.経営者が開示することによって,はじめて金融機関を中心とする外部関係者は経営計画の内容を知ることになる.本書における経営計画の体系であれば,金融機関が入手したいと考える非対称情報に関しては概ね経営計画により入手可能となる.

企業が自ら自発的に経営計画を策定しその内容を金融機関に開示することは,結果的に金融機関のスクリーニング効果に寄与する.つまり,金融機関が情報を入手しようと行動することに対して協力していることになるためである.すなわち,金融機関の情報探索コストの軽減に寄与していることになる.加えて,経営計画の開示は金融機関のモニタリングに対しても協力していることになる.

このように,経営計画やその進捗状況が開示されることにより,金融機関はシグナリング効果,スクリーニング効果およびモニタリング効果を享受することが可能になる.つまり,融資判断において必要な企業の将来性や成長性にかかわる情報(未知の情報である対称情報)を入手することが可能になる,換言すれば,情報の非対称性緩和につながるのである.

4 衰退期における経営計画(試論)

ここまで,アンケート調査とインタビュー調査を踏まえて,成長期・成熟期・第二創業期の企業を対象として経営計画の策定・実行に関する特徴や情報の非対称性緩和との関係を考察してきた.最後に,アンケート調査ではデータ数が少なかったために分析してこなかった,衰退期の企業について試論として特徴をまとめておきたい.

ここで,中小企業における衰退期と大企業における衰退期の相違点を確認する.企業は市場において経営環境の変化に対応しながら事業活動を続けていくが,必ずしもすべての企業が生き残れるわけではない.大企業であれば,いくつかある事業のうちの1つが衰退期に入ったからといってすぐに倒産するわけ

第6章　中小企業の発展段階に応じた経営計画と情報の非対称性緩和の視点　*159*

表6-3　衰退期の経営計画の特徴

	衰退期	データ
経営理念の見直しの要否検討	経営理念が環境変化に対応しているか検討および経営計画への組入れ	経営計画に経営理念が組み込まれているのは50%（対象4社） 創業者以外の経営者が制定しているのが67%（対象6社）
経営ビジョンの決定	中期の経営ビジョンを明確化し経営計画に組み入れる	経営ビジョンはすべての企業が組み入れ（対象4社）
経営環境分析	少なくとも内部環境分析は実施（特にコストダウンや経営合理化の方向性を分析する）	経営環境分析は75%が実施（対象4社）
基本戦略の内容	経営目標・経営方針・経営戦略は経営計画に盛り込む 個別戦略は可能な範囲で作成	経営目標・経営方針はすべての企業、経営戦略は75%が組み入れ（対象4社）
中期利益計画	必須（取引金融機関からの要請がある）	全社利益計画は75%が策定（対象4社）
中期個別計画	個別計画は可能な範囲で策定（資金計画は必須）	個別計画の策定はほぼなし（資金計画のみ1社）
経営計画策定組織	社長もしくはプロジェクトチームで策定（外部専門家の関与も検討、ただし丸投げはしない）	社長1人、プロジェクトチーム、外部専門家に依頼が各1社（対象3社）
経営計画の開示	社内および取引金融機関や場合によっては株主にも開示	すべてが外部にも開示（対象3社） 開示先は、取引金融機関100%、株主67%、販売先・中小企業再生支援協議会各33%（対象3社）
差異分析の実施サイクル	毎月	毎月、四半期ごと、半年に1回が各1社（対象3社）
差異分析メンバー	部長以上	部長以上、社長のみ、社長と経営改善計画推進メンバーが各1社（対象3社）

出典：筆者作成.

ではないが，中小企業においては主要な事業が振るわなくなれば，多くの企業が倒産や廃業という形で市場からの退却を余儀なくされる．こうした企業の生き残りは生物学における自然淘汰のメカニズムに類似しているとされる［本庄2010：149］．特に中小企業にとって重要なのは，事業継続のために必要な資金の調達手段が間接金融つまり，金融機関しかないことである．中小企業を生かすのも殺すのも金融機関次第ということになる．衰退期の中小企業とは，このまま推移すれば，倒産や廃業が避けられない状態にある企業と考えられよう．つまり，生きるか死ぬかの瀬戸際に立たされている企業といえる．

　ところで，経営者が事業を続けていく意思がない，または事業としていかに

尽力しても成り立たない企業であれば淘汰されることもやむを得ないかもしれない．ただし，ソフトランディングするための廃業計画といったものは必要となる．問題なのは，後継者もいるし，事業は続けたいがその方策が見つからない状況になっている企業に対してどのように対応していくかということになる．金融庁は，2009年中小企業金融円滑化法の施行によって，金融機関に対してこうした業績悪化企業に対する借入返済猶予を促し，結果的に50万社が当該制度を利用した．金融庁は，返済猶予を受けた企業に対して取引金融機関へ「経営改善計画」を提出することを求めており，経営改善計画の重要性がガイドラインなどで文書化されている．

中小企業庁は，中小企業金融円滑化法の施行期限到来を受け，中小企業経営力強化支援法に基づき認定された経営革新等支援機関（以下「認定支援機関」という）による経営改善計画策定支援事業を2013年より実施している．借入金の返済負担等，財務上の問題を抱えていて，金融支援が必要な中小企業・小規模事業者の多くは，自ら経営改善計画等を策定することが難しい状況である．こうした中小企業・小規模事業者を対象として，認定支援機関が経営改善計画などの策定支援を行うことにより，中小企業・小規模事業者の経営改善を促進することを企図しているものである．

企業によっては，自社スタッフのみでの策定は困難として，金融機関から紹介された外部専門家に策定を依頼するケースがある．この場合気を付けるべきは，計画策定を丸投げしないことである．

筆者は，ある建設資材のメーカーが業績悪化で資金繰りに行き詰まり，取引金融機関の勧めにより中小企業再生支援協議会を通じて経営再生に取り組んだ事例に遭遇したことがある．この企業は経営計画の策定をほとんど金融機関系のコンサルティング会社に丸投げし，その計画に基づいて再生を進めた．その過程で，経営計画のフォロー会議に筆者はオブザーバーとして出席していたが，驚いたのは，参加していた取締役を含む幹部従業員が，その経営計画の内容をほとんど理解しておらず，経営計画に記載された行動プランの各項目について誰が，何をするのか，当事者の認識が全くなかったことである．

一方，同時期に取引金融機関から経営改善計画がなければ新たな融資はできないと宣告された内装工事業を営む中小企業から経営改善計画策定のサポート

を依頼されたことがあった．同社は金融機関から紹介された経営コンサルティング会社の指導を断ったため，自力で策定せざるを得ない状況であったが，もはや事業継続をあきらめ筆者が訪問した翌日に弁護士のところへ自己破産の相談に行こうとしていた．

　筆者は同社作成の資金繰り表を確認し，最悪の場合でも借入返済を止めれば当面事業継続は可能と判断し，まずは経営改善計画を策定するよう促した．そして，経営改善計画の様式を社長に渡し，実行可能な計画とするためにできるだけ自社で作成するよう要請した．それから，社長と経理課長が営業部門の責任者にヒアリング等をしながら策定した経営計画の内容を適宜添削するなど指導を行った．その後，完成した経営計画をもって社長自ら金融機関に説明に行くようアドバイスした．それまで，同社社長は融資依頼のために取引金融機関に足を運んだことは全くなかったので，抵抗もあったが，結局アドバイスどおりに行動し，結果的に資金調達に成功した．倒産寸前だった会社が経営改善計画を策定し，社長自ら金融機関に出向いて説明をすることにより，資金を調達することができたのである．

おわりに

　本章では，研究の集大成として経営計画モデルを発展段階別に提示することを試みた．経営計画モデルの先行研究としてSteinerを取り上げ，中小企業の実態に合わせて修正を加えモデルを再構築した．

　次に，成長期・成熟期・第二創業期それぞれの経営計画の特徴を経営計画モデルの枠組みに沿って整理した．大枠としてはそれほど変わらないが，発展段階に応じた固有の特徴を浮き彫りにできたと考える．

　さらに，情報の非対称性緩和の視点から，経営計画の策定と実行がどのような効果を生むのかを考察した．特に重要なのは，シグナリング効果であるが対外的にはスクリーニングやモニタリング効果もあることを実証した．それに加えて，経営計画策定への関与や，経営計画の差異分析メンバーに加わることが経営参画意識の向上とともにモチベーションアップにつながることを指摘した．

最後にデータ数の信頼性の問題からアンケート調査で取り上げず，インタ
ビューも行わなかった衰退期企業の経営計画モデルを試論という形で提示し
た．この段階の企業における経営計画の策定および実行のあり方は，非常に興
味を抱くテーマではあるが，本書においては十分に考察することができなかっ
た．この点については，別の機会に検討したいと考えている．

注
1）笠井［1988：30］，および望月［2009：173］を参考にした．なお，最近の文献では，
管理会計を意思決定会計と業績管理会計に2分して表現することが多い．
2）鉢嶺［2005：13］によれば，「第二創業」とは「既存事業の見直し・底上げから一歩
踏み込んで，既存事業の経営資源を活かしながら，あたかも新規創業のごとく，新規事
業分野に挑んでいくこと」と定義しており，必ずしも事業承継を契機とはみなしていな
い．一方，中井［2009：15］によれば，事業承継された企業を「第二創業」と呼んでおり，
筆者もこの見解を踏襲している．
3）神戸［2004：189］によれば，モニタリング効果とは，依頼人（ここでは，情報を持っ
ていない側）が代理人（情報を持っている）の行動を監視すること．モニタリングがで
きる時には，情報の非対称性が解消される．
4）中村［2012：12］．中小企業金融円滑化法は2013年3月に施行期限が到来している．
5）中小企業ホームページ参照（http://www.chusho.meti.go.jp/keiei/kakushin/2013/
0308KaizenKeikaku.html 2015.6.13.確認）．
6）中小企業再生支援協議会とは，商工会議所，商工会連合会，政府系金融機関，地域の
金融機関，中小企業支援センター及び自治体等から構成され，関係者間の日常的な連携
を図ることで，地域の実情に応じたきめ細かな中小企業の再生への取り組みを支援する
ため，経済産業大臣の認定により設置された機関であり，各都道府県に設置されている．
中部経済産業局のホームページ（http://www.chubu.meti.go.jp/chuki/sesaku/sesaku_
naiyo/03/page03-1.htm 2015.6.13.確認）．

終　章　中小企業に対する本書の貢献と
残された課題

1　中小企業に対する本書の貢献

　本書は，日本経済における重要な役割を持つ中小企業が健全に成長・発展し
ていくにあたり必要なツールとして「経営計画」に着目し，その策定の意義や
効果について「情報の経済学」を理論的な裏付けとしながら明らかにすること，
および中小企業の発展段階に応じた経営計画のモデル構築を目的とし考察して
きた.

　本書においては，対象とする中小企業を概ね20〜300人の従業員を有する法
人企業とし，そうした企業が健全に成長・発展を遂げるためには，「経営理念
に基づく経営計画」の策定および実行が重要であることを理論研究と実態調査
を通じて明らかにした．また，経営計画の内容や策定プロセス，実行（差異分析）
のメンバー等については発展段階に応じて策定ニーズが異なることから，それ
ぞれの段階に応じた特徴があることを明らかにした．さらに，中小企業におい
てなぜ経営計画が必要なのかという，根本的な経営者の疑問に応えるべく，情
報の経済学の理論的枠組みを適用することによって，経営計画を策定し実行す
ることの意義を「シグナリング」や「スクリーニング」，「モニタリング」といっ
た効果の視点から明らかにした.

　本書における考察の過程を振り返ると以下のとおりである．第1章から第3
章は理論研究であり，第4章と第5章が実態調査，第6章が理論研究と実態調
査を踏まえたモデル構築という3つの部分から構成されている.

　第1章では，約7割が赤字で企業数，従業員数ともに減少傾向にある中小企
業の現状を概観し，そのような厳しい経営環境にある中小企業が生き残ってい

くためには，経営の原点である経営理念が重要との認識から，経営理念の機能と浸透方法に関する先行研究を検討し，中小企業における経営理念の役割を確認した．次に，経営理念実現のための手段として経営計画に着目し，経営計画の定義や体系に関する先行研究を検討したうえで，中小企業における経営計画の役割を確認した．さらに，経営理念実現のために経営計画を位置付けるという本書の主張を提示した．

　第2章では，情報の経済学の観点から経営計画をとらえた．まず，情報の経済学に関する先行研究を検討し，中小企業研究において注目されている中小企業金融における情報の非対称性の観点から対金融機関を中心とする「対外的な情報の非対称性」を定義した．そして，これまでほとんど研究がない対従業員の視点からの情報の非対称性を「対内的な情報の非対称性」とし，経営にかかわる情報を対称情報と非対称情報に整理した．さらに，情報の非対称性を緩和するための手段として経営計画の策定および実行の意義を「シグナリング」の観点から提起した．

　第3章では，中小企業の発展段階に応じて経営計画の内容が異なるとの観点から考察した．企業の発展段階に関する先行研究を検討したうえで，中小企業の発展段階別の特性を経営者のタイプや戦略，意思決定等経営管理の観点から整理した．そして，発展段階に応じて経営管理システムが異なることを明らかにし，経営目標実現のための経営計画の内容が中小企業の発展段階に応じて変化することを論証した．

　第4章では，2014年4月に実施したアンケートに基づく，中小企業における経営計画策定および実行に関する実態調査の結果を分析した．愛知県内の経営革新計画承認企業514社を対象に郵送質問票調査を行い，回収は92社（17.9%）であった．発展段階別に計画策定の有無，経営理念の実態，経営計画の期間と内容，策定組織，計画開示の実態，計画目標との差異分析，策定・実行の効果について分析を行い，結果として第4章の末尾で示した4つの知見が支持されたと考えてよい．

　第5章では，アンケートに回答いただいた企業の中から，成長期・成熟期・第二創業期に属する企業を各1社選定し，インタビュー調査を行うことで中小企業における経営計画の策定および実行の実態について考察を行った．また，

特に経営計画を活用した経営を長年行っている中堅企業に対するインタビューを踏まえて第4章で提示している4つの知見が確認できるかどうかについて検討した．その結果，すべての知見が支持された．

第6章では，本書の集大成として経営計画のモデルを発展段階別に提示した．また，情報の非対称性緩和の視点から経営計画の策定および実行がどのような効果を生むのか考察した．その結果，中小企業の発展段階別に経営計画の特徴が異なること，そして，中小企業において「経営理念に基づく経営計画」は情報の非対称性緩和の観点から対外的にも対内的にも有効であることを明らかにした．

本書により以下の成果を得ることができた．

① 中小企業が経営計画を策定・実行する意義を経営理念と経営計画との関係から明らかにした．
② 中小企業の発展段階と経営計画を対応させるという新たな視点の導入により，各発展段階で求められる経営計画の特徴を明らかにした．
③ 情報の非対称性緩和の手段として経営計画を位置付けるという提案をした．
④ 中小企業における経営計画の活用実態や経営計画策定および実行の効果を明らかにした．

2 残された課題

本書により，前項であげたとおりの成果が得られたものと考えるが，課題も存在する．第1に，アンケート調査の対象エリアが愛知県に限定されている点である．本書で得られた知見が，地域性のあるものかどうかは検証できておらず，今後は他の地域も含めた研究を行う必要があろう．また，サンプル数に限りがあるため，各発展段階のデータの信頼性には限界があると言わざるを得ない．統計的な検証については更なる調査が必要と認識している．また，今後サンプル数が多い調査を行った結果，知見の内容に影響が出ることが考えられる．

第2に，インタビュー調査についてである．インタビュー調査は，成長期，

成熟期，第二創業期から各1社および高度活用事例として中堅企業1社を選定して実施したが，調査件数としては十分な数量とはいえない．アンケート調査の回答企業数自体が限られている中で，なかなかインタビューに応じていただける企業がなく，ようやく各段階で1社確保できたというのが実情である．それぞれの企業で社長と面談することができ，非常に有意義なインタビューができたと考えているが，果たしてその内容で理論として一般化できるかどうかという点に関しては異論もあり得よう．

　第3に対象となる中小企業についてである．本書は概ね従業員20〜300人の法人企業を対象として考察してきた．しかし，中小企業のうち87％は小規模事業者であり，そうした企業に対して本書の貢献はあるのかどうかということである．筆者が小規模事業者からの経営相談を受けた経験から，従業員が数名程度という家族経営を含む小規模事業者であっても，経営者の思いや考えが十分に従業員に伝わっているわけではないということを実感している．つまり，情報の非対称性が存在するわけである．本書で提唱している「経営理念に基づく経営計画」はコミュニケーションツールとして小規模事業者においても有効に機能すると考えられるが，実証については今後の課題としたい．

　以上のような課題は承知の上で，本書が実務にどう活用できるのか提案することで本書の締めくくりとしたい．

　中小企業の中で，成長期，特に創業社長が先頭に立って経営をけん引している企業は経営戦略やビジネスモデルが優れていれば，経営理念や経営計画をあまり重視していなくても，業績が好調に推移している企業は珍しくない．しかし，創業社長でもそろそろ後継者に引き継ぐような段階，あるいは，2代目・3代目の経営者の場合は，経営理念や経営計画に基づく経営を行っているかどうかで経営状態に影響が出るように感じている．

　第6章で衰退期における経営計画のところで触れた企業のように，金融機関からの要請で経営計画を策定せざるを得なくなった企業はともかく，業績が好調な企業の経営者に経営理念や経営計画の話をしても，まともに聞いてもらえないというのが実感である．しかし，業績が好調であっても課題がない企業というのはありえないし，実際に様々な問題を抱えていることが多いものである．そうした課題解決のために経営計画を活用してもらえば，より良い会社になる

のではないかと考えていた．そのためには，経営計画は何のために策定するのか，策定することにどういう意味があり，どういう効果があるのか，といった点を経営者にきちんと説明し，理解してもらう必要があると考えた次第である．

ごく少数の特殊な能力（戦略構築力，コミュニケーション能力，実行力等）を持った経営者であれば必ずしも必要ないかもしれないが，「普通」の経営者にとっては「経営理念に基づく経営計画」は経営していくうえで必要不可欠と考えられる．

なぜならば，経営者がどのような会社にしていきたいかをいくら言葉で話したとしても，明文化されていない経営理念や経営計画では従業員等の利害関係者が理解できないからである．経営理念に基づく経営計画は，会社の目指す方向を明確にし，そのためには何を，どのように，だれが，いつまでにやるのかを明確にした「ナビゲーション」である．目的地に早く，誤らず，効率的に到着するためには必要不可欠であろう．

しかし，経営者はそれを理解してもなかなか着手できないのかもしれない．中小企業の経営者は365日，24時間休みなしである．目先のやらなければいけないことが膨大で，どうしても手がつかないということもあるだろう．そこで，経営者の相談相手である税理士や中小企業診断士等の専門家，あるいは金融機関の職員にサポートをお願いしたいと考える．

経営計画は1度策定したら終わりではない．経営が続く限り毎年または中期経営計画であれば3年に1度程度策定し，実行していくものである．だから，最初から完璧なものを作る必要はないし，そもそも，完璧な計画などはない．したがって，まずは1回作ってみて，それに基づいて経営してみましょうと経営者の背中を押してほしいのである．もちろん，本書や市販の書籍を参考にして策定のサポートもしてほしい．

中小企業の経営計画は，上場企業のそれとは違い，基本的には株主向けに策定するものではない．したがって，売上・利益等の数値計画の達成に必ずしもこだわる必要はないと考える．それよりも，経営理念に描かれた理想像を実現するために，中期的にはいつまでにどのような姿を目指すのか，そのために，何を実行していかなくてはならないのかといったことを明確にし，従業員に対して「見える化」することにより理想像の実現に一歩一歩近づいていく，その

ためのツールが「経営計画」であることを強調したい．それは，取引金融機関等の外部の利害関係者にとっても，当該企業を理解し，支援しようと意思決定することにもつながる．そして，1人でも多くの経営者がその重要性に気が付き，実際に策定し，実行していくことにより，企業が成長・発展するだけではなく，経営者自身，そして従業員が成長をしていくことで，より多くの中小企業が「いい会社」になっていくことを期待したい．

注
  1）「いい会社」とは，伊那食品工業㈱の塚越会長が言われる「従業員を幸せにする会社」
    と考えている［塚越 2004；2009］．

169

補　論　　真に顧客価値を高める 金融機関だけが生き残る

は じ め に

　かつて，日本の金融機関は第二次世界大戦後の復興やその後の経済成長を支える「礎」の役割を果たしていた．産業界の前面に出るのではなく，あくまで企業の金融面を支える「裏方」，あるいは「縁の下の力持ち」としてのイメージが強かった．

　ところが，1980年代に入り，金融の自由化・国際化が叫ばれ始めたころから様相が変わってきた．それまでの「護送船団方式」によって行政に守られてきた金融機関が，市場原理にさらされるというある種の強迫観念にかられ，生き残りをかけた利益競争の時代に突入したのである．

　筆者は，金融の自由化・国際化進展の渦中であり，また，その後の金融界の流れを決めた「プラザ合意」が行われた1985年に就職活動を行い都市銀行のひとつに入社した．まだ，金融機関とりわけ大手銀行が希望や自信に満ち溢れていた時代だった．

　銀行では，中小・中堅企業や個人担当の営業として5か店の支店勤務を経験したが，銀行の経営方針に対する疑問や自分自身のキャリアプランを考慮した結果，2000年に公的なベンチャーキャピタルへ転職した．

　今でこそ，転職は当たり前のことになっているが，当時は，まだ珍しがられたものだ．しかし，金融界の2つの異なる業態で働いた経験は，これからの金融界のあり方を考えるに当たって多少は示唆を与えることができるのではないかと思料する．

　そこで，本章では金融界での約20年間の現場経験を踏まえつつ，2005年3月

に修了した名古屋学院大学大学院経済経営研究科博士前期課程での研究成果を交えながら，現状の金融機関の問題点や今後の方向性，何をすべきかを「顧客価値」に焦点をあて，マーケティング戦略の観点から論じることにする．

　まず，第1節において，金融機関の現状を概観し経営課題を抽出する．なぜ，銀行がバブル期に多くの不良債権を抱えたのか3つの要因を指摘する．問題点を解決する方法としてマーケティング思考の重要性を論じる．

　次に，第2節においては，企業価値のとらえ方について指摘したうえで，金融機関における顧客価値について検討する．金融機関，とりわけ銀行においては，公共性が重視され，少なくとも預金（窓口）業務においては「来るものは拒まず」の姿勢であらゆる顧客を対象にしてきた．旧大蔵省による規制があった当時は顧客層別にすみわけができていたが，一部の地域金融機関を除くと今や業態横断的に顧客の奪い合いが行われている．また，郵政民営化が実施されれば，競争はさらに激化するものと予想される．そうした中で，それぞれの金融機関がどのような顧客を対象にすべきなのかを検討することが重要である．顧客が金融機関を選別するように，金融機関も顧客を選別するべきと考える．つまり，金融機関における顧客価値を明確化することである．そうすることにより，金融機関の提供するサービスが専門化され，より付加価値の高いものへと進化していくことになろう．

　そして，第3節において顧客価値を高めるマーケティング戦略の必要性を検討し，どのようなマーケティング戦略を行うべきなのかを論じる．これまでの金融機関に欠如していたのはマーケティング戦略であるとの認識のもと，顧客価値の向上に焦点を当てたマーケティング戦略を提示するとともに，新しい概念として社会的責任融資を提唱する．

1　金融機関の現状と課題

（1）　金融機関の現状

　日本で金融機関という場合，業態別に銀行，生損保，証券会社，ベンチャーキャピタル，および政府系金融機関等に分類される．ここで，一つひとつについて取り上げることは紙幅の都合上不可能であり，筆者がこれまでかかわって

きた中小企業金融を担う金融機関に焦点を絞り述べることにする．なぜなら，金融問題が取り上げられる場合，その多くは中小企業に対する「貸し渋り」や「貸し剥がし」の問題であり，金融仲介機能の根幹をなすのは中小企業金融と考えられるからである．

中小企業金融の担い手としては，信用金庫や信用組合等のコミュニティーバンクはもちろん，地方銀行や第二地方銀行等のリージョナルバンク，さらにはメガバンクも担い手の１つである．また，中小企業金融公庫や国民生活金融公庫等の政府系中小企業金融機関やベンチャーキャピタルも役割を担っている．

しかし，中小企業金融においては，直接金融の果たす役割は限定的であり，間接金融にその多くを負っている．ところが，バブル経済崩壊以後，銀行を中心とする間接金融の担い手の基盤が揺らいでおり，十分にその機能を果たしていないとの懸念が生じている．実際に，中小企業向け貸出は1996年以降減少しており，2000年にいったん増加したが，その後再び減少の一途をたどっている [中小企業庁 2003：38]．これは，どのような理由によるものであろうか．

バブル期に企業は３つの「過剰」を抱えたといわれた．「過剰雇用」，「過剰設備」，「過剰債務」の３つである．貸出の減少はこの過剰債務の調整局面という見方ができよう．その過程では，かつてはありえなかった銀行の破綻が当たり前のことになり，破綻銀行をメインバンクとしていた多くの企業・事業者が倒産の憂き目にあった．

また，金融再生のための不良債権処理が加速する中で，貸出を増やす以上に償却する債権が多かったという事情もあろう．ここへきて，ようやく不良債権処理も峠を越え各金融機関の財務内容や収益体質は著しく改善された．三菱東京UFJホールディングスの発足によりメガバンクの再編も一段落したことで，今後「攻め」に転じる金融機関も増えてこよう．こうした状況下で，過去の失敗を繰り返さないためにはどうすればよいのか指摘したい．

（2）　金融機関の課題

前述のとおり，筆者はバブル前に銀行に入社しいくつかの支店で営業を担当した．したがって，銀行が貸出競争に突入したバブル期やその後の後始末の過程を銀行内部においてつぶさに見てきた．在籍した支店のエリアが東海地区に

偏っていたため，東京や大阪に見られるようなバブル前後の激しい浮き沈みは幸か不幸か経験していないが，今になると，常軌を逸していたとしか思えないバブル期の異常さを冷静に振り返ることができる．

　まず，失敗の原因としてあげなければならないのは，「銀行の社会的使命感の喪失」である．銀行の存在意義は何なのかという事業経営の根幹にかかわる部分，すなわち，経営理念が見失われていたと考えられる．銀行制度の基礎を作った，渋沢栄一のような志の高いバンカーがバブル期の経営者にどれだけいたのか，自己の保身や短期的な利益のことしか考えない経営者が多かったものと思料する．

　第2に，「利益至上主義の弊害」である．80年代後半以降，銀行は規模の拡大だけでなく利益の向上に注力した．銀行も企業である以上，収益の拡大を図るのは当然である．しかし，利益は顧客のニーズに応えること，すなわち，適切なサービスの提供により顧客満足を高めることにより結果として得られるものである．ところが，筆者の見るところ銀行は顧客のニーズよりも自らが売りたい＝より利益が多い商品，たとえばデリバティブ商品等を売り込むことに躍起となっており，立場の弱い顧客が不本意ながらそれに従うというケースが多かったのではないだろうか．

　第3に，「リスクマネジメントの欠如」である．本来，中小企業金融はリスクが高いがゆえにプロの与信能力が問われるとともに，収益性が高くなるはずであるが，安易な担保主義の業界慣行を変えなかったために，不動産や株価下落により大きな痛手を被ることになった．別の側面では，特に，バブル崩壊以降銀行員のモラルダウンが激しく不祥事やトラブルが頻繁に起こったことがあげられよう．リスクマネジメントのベースとなるのは経営者と従業員との間に信頼関係が構築されていることであるが，残念ながら銀行においては信頼関係が損なわれていたのではないだろうか．

　筆者自身の経験から，銀行が不良債権処理にこれほど長い期間を要したのは，経営者と従業員との間の信頼関係の毀損により従業員価値が損なわれたことによる側面が強いものと考えられる．なぜ信頼関係が崩れたのかといえば，ある意味，日本の戦後の倫理観や道徳意識の低下と通じるところがあると思われるが，「取るべき人が責任を取っていない」，つまり，バブル期の失敗の責任を明

確に取った経営者が，筆者の勤務した銀行に限らずどこにもいなかったことであろう．

また，従業員に対してだけでなく株主に対しても責任を取った経営者は寡聞にして知らない．筆者が銀行員時代に毎月の給与から従業員持株会で積み立てた金額は約200万円あり，退職時に2000株の株券を受領した．しかし，その後合併によりその価値は3分の2になり，さらに株価低迷により今年8月に売却した際には，わずか60万円にしかならなかった．もちろん，株価に変動はつきものであり，それに対してどうこういうつもりはない．明らかなのは，銀行が長期保有の株主に対し株式価値すなわち，株主価値を高めることに成功しなかったことと，それに対する説明責任を果たしてこなかったことである．

後に述べるように，筆者は企業価値を顧客価値，従業員価値，株主価値およびその他のステークホルダー価値との集合体ととらえている．銀行は，顧客価値や従業員価値を著しく毀損したことによりトータルの企業価値を低下させそれが株主価値の下落を招いたといえよう．

前述の3つの問題点を解決するためにどうすればよいのか．金融機関に限らず企業は顧客，株主，従業員，地域社会等さまざまなステークホルダーとかかわっている．昨今，ブームと化しているCSRは，まさしく企業とステークホルダーとのよりよい関係性の構築を，本業を通じた社会貢献により達成しようとするものである．金融機関が今後差別化を図りつつ，その存在価値を高めていくためには，CSRの視点は不可欠であろう．しかし，それ以前の問題として顧客に選ばれる金融機関になるということが重要であろう．では，選ばれるためにはどうすればよいのか．

経営学者のP. F. ドラッカーは，企業の目的は「顧客を創造すること」であると述べている［ドラッカー 2001：15］．ドラッカーによれば，企業の2つの基本的な機能は，「マーケティング」と「イノベーション」である．マーケティングは，しばしば，営業や販売と混同されるが，実は正反対のものである．つまり，販売や営業を不要にするものがマーケティングなのである．そのためには，「何を売りたいか」ではなく，「顧客は何を買いたいか」が問われなければならない．バブル期以降，そして現在も金融機関に欠けているのは，このマーケティング思考である［ドラッカー 2001：15］．

また，企業のもう1つの機能であるイノベーションとは，「新しい満足を生み出すこと」である［ドラッカー 2001：18］．企業は単に経済的な財やサービスを供給するだけでなく，よりよい財やサービスを供給しなければならない．金融機関にとってはどのようなサービスを提供し，新しい満足を生み出すことにより顧客の支持を得ていくのかが課題といえよう．

2 金融機関における顧客価値とは何か

（1） 企業価値のとらえ方

　企業価値あるいは，株主価値という言葉が新聞や雑誌，さらにはワイドショーに至るまで毎日のように取り上げられたことは記憶に新しい．ライブドアとフジテレビのニッポン放送株争奪戦は2005年前半の経済界における大きなトピックスであった．しかし，そこで取り上げられていた企業価値の中身がどのようなものであったのかは判然としない．

　前述のとおり，筆者は2003年から名古屋学院大学大学院にて，ベンチャーキャピタルのマーケティング戦略をテーマに研究をしており，投資先である中小・ベンチャー企業の企業価値を「リスク」「ブランド」「CSR」をキーファクターとして戦略的に向上させるという，ベンチャーキャピタルの戦略に関する修士論文にまとめた［宮島 2005］．

　その内容について触れる余裕はないが，ベンチャーキャピタルにおいて投資先，すなわち，顧客の企業価値向上に焦点を当てた戦略をとることの重要性は，直接金融と間接金融の違いはあれ，中小企業金融に携わる金融機関に共通であろう．

　それでは，企業価値はどのようにとらえればよいのであろうか．

　2005年4月，経済産業省の企業価値研究会は，企業買収の防衛策に関する報告書「公正な企業社会のルール形成に向けた提案」を公表した．本報告書で，企業価値は「会社が生み出す将来の収益の合計のことであり，株主に帰属する株主価値とステークホルダーなどに帰属する価値に分配される」と定義されている［経済産業省 2005：42］．

　一般的には，将来の収益（キャッシュフロー）は算定が難しいので，「その会社

の株式時価総額と有利子負債を足した金額から手持ちの現預金を差し引いた値」を企業価値とみなしている［経済産業省 2005：42］.

しかし，上場企業であればともかく，中小企業に対して時価総額といってもぴんと来ない．そこで，筆者は中小・ベンチャー企業に対する企業価値は以下のようにとらえるべきと考えている．これは，伊藤邦雄のコーポレートブランド価値の理論を援用したものであるが，企業価値を顧客価値，従業員価値，株主価値およびその他のステークホルダー価値との集合体ととらえる考え方である．つまり，伊藤教授のいわれるコーポレートブランド価値を筆者は企業価値ととらえている．

伊藤は，コーポレートブランドを「人々がその会社に対して抱くイメージを決定づける無形の個性」であると定義する．そして，コーポレートブランドは，「主要なステークホルダーである顧客・従業員・株主それぞれの価値を連結し，3つの間にシナジーを生み出し，その結果，企業価値を高める原動力となる」と指摘している［伊藤 2003：12］.

企業価値研究会の定義においても，財務的な側面だけでなくステークホルダー価値という定性的な側面が考慮されていたが，企業価値をとらえる際には，財務面，すなわち株主価値だけでなく，顧客や従業員といった主要なステークホルダーの価値をも考慮すべきと考える.

（2）　金融機関における顧客価値とは何か

金融機関と顧客価値について考察する際に，まず検討しなければならないのは各金融機関がどのような顧客と付き合うべきなのかということである．銀行において預金・為替などの窓口業務については，基本的にどのような顧客でも同様の扱いであり，預金額が多いからといって処理の順番を早めるようなことはしない.

また，法人取引については，創業時の経緯や地理的条件，競合他行のアプローチ状況等の要素により企業ごとに取引銀行が決まっている．顧客の選択は，財務内容や資産状況を基準にしており，企業の信頼性や誠実性など定性面を考慮するケースは少ない．しかし，今後は金融機関が自社の取引先として望ましい企業像を明確にし，顧客の選別を行う必要があると考える.

昨今，日本振興銀行や新銀行東京など新しいコンセプトの銀行が誕生しているが，顧客が金融機関を選ぶように，金融機関も顧客を選ぶ時代が到来していると考える．なぜなら，顧客のニーズが多様化する中ですべてのニーズに対応することは，たとえメガバンクといえども不可能な状況にあるからだ．他の金融機関との差別化を図るためには，コーポレートブランドを高め圧倒的な存在感と信頼感を顧客や社会に与える必要がある．顧客の選別は，自社が顧客にどのような価値を提供するのかを明確化することにつながり，結果的に当該金融機関と顧客との信頼関係を強めることにつながるのである．

　それでは，どのような顧客が金融機関にとってよい顧客なのだろうか．岸本義之氏によれば，金融サービス業にとっての優良顧客は，「サービス内容をよく理解している顧客とサービス業者（金融機関）が顧客情報をよく理解できている顧客」である［岸本 2005：80］．

　次に，対象とする顧客の生涯価値をいかに高めるかを検討しなければならない．フレデリック・ライクヘルドは「正しい顧客とは長期にわたり取引してくれそうな相手である」と述べている［ライクヘルド 1993：52］．長期にわたる取引先は，一度きりの取引相手に比べ一般的に生涯価値が高くなるのである．金融機関と顧客との関係も一般的に長期にわたる．スーパーで買い物をするように，今日は特売があるからAスーパー，明日はBスーパーというように頻繁に変えるわけにはいかない．つまり，顧客といかによい関係性（リレーション）を築き，長期にわたりその関係を維持するかが顧客価値を高めるポイントなのである．そのためには，銀行と顧客企業の双方がお互いに情報を共有し，コミュニケーションが取れていることが重要である．

　それでは，どのようにすれば顧客価値は高くなるのであろうか．筆者は，現在ベンチャーキャピタルの投資先担当者として富山県の中小・ベンチャー企業にかかわっている．経営者や経理責任者と話していると金融機関の話題が出ることがある．関与企業が優良先主体のため，銀行がなかなか貸してくれないという話はあまり聞かないが，よく聞くのは，要らないお金を借りてくれとしつこく言われるとか，期末協力と称して預金と貸出の両建をさせられたといった話やニーズに合わないデリバティブ商品を勧められたといった内容である．

　銀行経験者からすると，かつては身に覚えのある話ではあるが，21世紀に入っ

ても，いまだにそのような営業をしているのかとあきれることもある．リレーションシップ・バンキングなどと，いかにも「銀行は変わりました」と宣伝しているが，実態はあまり変わっていないのではないだろうか．このままでは，銀行に未来はないといえよう．

そこで，金融機関に求められるのは何かといえば，真に顧客の立場に立ったサービスの提供により，顧客満足度を高め顧客価値を向上させることである．そのためには，顧客価値を高めるマーケティング戦略の策定および実行が求められる．

3　顧客価値を高めるマーケティング戦略

（1）　金融機関のマーケティング

マーケティングの大家P.コトラーは，「マーケティングとは，充足されていないニーズや欲求を突きとめ，その重要性と潜在的な収益性を明確化・評価し，組織が最も貢献できる標的市場を選択したうえで，当該市場に最適な製品・サービス，プログラムを決定し，組織の全成員に顧客志向，顧客奉仕の姿勢を求めるビジネス上の機能である」と述べている［コトラー 2003：5］．

金融機関においては，産業の特色，つまり，金融サービス業という側面からマーケティングをとらえる必要があろう．まず，顧客ニーズにあった商品の開発や顧客情報の収集・活用システムの構築，さらに全社的なCS運動やコーポレートブランドを高めるCSRマネジメントなど，トータルなマーケティング・マネジメントとしてとらえなければならない．

もうひとつは，コンタクト・ポイントつまり顧客接点にかかわるマーケティングである．サービスの特色である「生産と消費の同時性」や「無形性」から，顧客に直接接する担当者が顧客志向や顧客奉仕といったマーケティング・マインドを持っているかが重要である．担当者がCS（顧客満足）についてどのような理解をしているのかが問われる．

昨今，リージョナルバンクやコミュニティーバンクを中心にリレーションシップ・バンキングの推進が声高に叫ばれている．しかし，その理念や考え方が現場にまで浸透しているかといえばまだ不十分といわざるを得ない．リレー

ションシップ・バンキングの基本はリレーションシップ・マーケティングでありこうした面からもマーケティングに関する理解は不可欠といえよう.

（2） 顧客価値を高めるマーケティング戦略

それでは，どのようなマーケティング戦略をとればよいのであろうか．ここでは，顧客が金融機関に対して何を求めているかという視点が重要である．多和田真教授と家森信善教授のグループが東海３県の有力企業684社を対象にした調査によれば，地方銀行や信用金庫，信用組合に対しどのような機能の充実・強化を望むかという質問に対して，物的担保や保証人に頼らない融資を望む声が大きかった［多和田・家森編著 2005：122］．

筆者の経験では，バブル崩壊以後銀行は保全についての考え方が極端に保守的となったと考えられる．つまり，担保不足の融資は基本的に不可であり，資産があって，業績が良好な企業にしか出来なくなった．しかし，資産に余裕がある企業や業績が好調な企業はわざわざ，担保を差し入れてまで借り入れしないだろう．バブル期の反省から支店長の決裁権限は以前とは比べ物にならないほど下げられ，少しロットの大きい案件はすべて本部決裁という状況だった．そして，本部の審査部門はあたかも「貸さないのが仕事」と思っているかのようにことごとく差し戻しとなった．もちろん，結果的に審査部門の判断が正しかった案件がなかったわけではない．しかし，当時は，担保があれば融資できる，担保がなければ融資できないというのであれば，そもそも，審査部門は不要なのではないかと憤慨したものだ.

現在，筆者が勤務しているベンチャーキャピタル（VC）は，公的VCであり，いわゆる民間VCとは性格が異なる．また，同じ金融の一翼を担うとはいえ，そのカルチャーは銀行ともかなり異質である．株式への投資であり，基本的に物的担保は取らない．したがって，経営者の人間性や経営手腕の評価をはじめ，企業をトータルに審査した上でその成長性，将来性を見極め投資する．いわゆる，「目利き力」が問われる．投資先企業は500社弱であるが，その９割は黒字であり，そのうち，増収企業，増益企業がそれぞれ６割以上という優良企業ぞろいである.

ベンチャーキャピタルと銀行との役割の違いは大きく，ベンチャーキャピタ

ルがその代わりを果たせるとは考えていないが，銀行も顧客企業に対する目利き力を高めることにより，物的担保や保証人に頼らない融資を行うことは十分に可能と考察する．そのためには，中小企業側が適正な財務諸表の作成やきちんとした情報開示を行うことも重要である．それを前提に，銀行は日常的な資金の流れの把握や経営者との定期的な接触により信頼関係を構築し，必要なときに必要な資金を融資できる本来の金融機関のあるべき姿を取り戻すことが重要であろう．

（3） 社会的責任融資の提唱

直接金融の世界では，社会的責任投資（Socially Responsible Investment：SRI）が注目を集めつつある．SRIとは，個人や機関投資家が企業に投資する際に，経済的パフォーマンスがよく，しかも社会的に責任を果たしている企業であることを基準に投資することをいう［谷本寛治編著 2003: 1］．欧米に比べ日本では，SRI市場の浸透は遅れているが，今後は企業年金を中心に拡大していく可能性もある［足立・金井 2004：85］．

中小企業金融においても，同様に，経済的側面，社会的側面，そして環境的側面さらには，コンプライアンスや企業倫理面などにおいて優れた企業には無担保で金利を優遇するといった「社会的責任融資」が考えられる．その内容については十分検討する必要があるが，そういった資質を備えた企業であれば，倒産リスクは少なく，銀行にとっても優良顧客になりうる．また，そうした要件を備えた企業になるよう，銀行が指導することも重要な業務になると考える．

すでに，滋賀銀行が企業の環境保全活動に対する低利融資制度「しがぎんエコ・クリーン資金」を導入している．各銀行が，それぞれ自社の取引先として望ましい企業像を描き，そうした企業向けの融資制度を導入するとともに，社会に貢献する企業を取引先として選別すること，また，そうした企業になるよう指導を続けることが，本来の意味での銀行の社会的責任（CSR）なのである．

お わ り に

筆者は，中小企業の育成・支援をするという志を持って銀行に入社した．希

望通り，中小企業の営業担当として仕事をさせていただき，苦しいことやつらいこともたくさんあったがよい経験をさせていただいたと考えている．それにもかかわらず，銀行を辞めたのは，バブル崩壊後銀行が内向き，つまり，顧客のほうを向かずに自社の利益ばかり考えていると感じたからだ．顧客のためになるかどうかではなく，銀行の論理を優先して営業活動を行うことに疑問を持ち続けていた．自分自身や自分の部下には「顧客のためになるか」を常に問いかけて仕事をしてきたつもりであり，顧客の信頼を得ることを何よりの喜びと感じそれを部下とも共有してきた．その思いは，一緒に仕事をした部下にはDNAとして受け継がれていると信じている．

　金融機関，とりわけ銀行の社会的な役割は大きくなることはあっても小さくなることはない．銀行が，その社会的使命を果たすためには，真に顧客のためになる情報・サービスを提供すること，そして，とりわけ中小企業に対しては日常的な信頼関係の構築と必要なときに必要な資金を提供できる目利き力が求められる．顧客価値を高めるマーケティング・マインドやマーケティング戦略が求められるのである．

　顧客価値を高めるマーケティング戦略を実行することにより銀行がその本来の輝きを取り戻すことを期待したい．

　　付記　本章は，宮島康暢［2006］「2010年の金融機関のあるべき姿とは——真に顧客価値を高める金融機関だけが生き残る——」（ニッキン設立50周年記念論文集『2010年の金融機関』日本金融通信社）より転載したものである．

あとがき

　日本の企業の99.7％を占める中小企業の約7割は赤字とされている．さらに大きな問題は，個人事業主を含めこの15年間で100万者減少していることである．その要因の多くは倒産ではなく廃業によるものである．倒産あるいは廃業する企業の中には，経営者が放漫経営を続けたことにより事業存続が不可能になる企業もあれば，顧客の減少によりどんなに努力しても採算改善が見込めないような過疎地域の商店もあるだろう．しかし，そのすべてが倒産または廃業という道を選ばざるを得なかったのだろうか？　そこまでの状態になる前に，衰退の危機を乗り越えたり，あるいは成長・発展したりすることはできなかったのであろうか？

　本書は，中小企業金融研究において通説となっている「情報の非対称性」，つまり，「借り手は自分の返済能力について知っているが，貸し手はその情報を得ることが困難であること」の緩和のために中小企業が取りうる手段について経営計画に着目して論じている．

　筆者は経営計画を，経営者が自らの信念すなわち経営理念を実現するためのマネジメントツールであり，コミュニケーションツールでもあるととらえる．そして，経営者が経営理念に基づく経営計画を策定し実行することが，情報の非対称性緩和に役立つだけでなく，対内的には従業員の動機づけに寄与し，対外的には金融機関など外部利害関係者の評価に影響を与えることを理論研究と実態調査から明らかにしている．

　本書は，筆者が名古屋学院大学より博士の学位を授与された博士学位論文を著書の形にまとめたものである．

　筆者は，2013年4月に名古屋学院大学大学院経済経営研究科博士後期課程へ再入学した．前回は2005年に博士後期課程へ入学したが，2008年に仕事と研究の両立が困難と判断し，いったんは単位修得済退学の手続きを取った．その後，日本中小企業学会の中部部会で報告するなど細々と研究を続ける中で，中京大学の寺岡寛教授のご推薦により大阪経済大学の『中小企業季報』への寄稿とい

うチャンスをいただいた（2012年No.4に掲載）.

そのころ，たまたま訪れた大学院事務室で再入学制度の話を聞き，すぐに再入学を決意した．再入学にあたり前回の博士後期課程での失敗の要因を自分なりに考えた．第1に，「中小企業の企業価値論」というテーマが抽象的で自分の能力を超えていたことである．そこで，今回は実務との関連が強い経営計画をテーマとすることにした．第2に，研究時間の創出である．前回は途中で人事異動があり，不慣れな総務担当，しかも監督官庁の中小企業庁対応という特命業務を担当し，3年間負担が大きい勤務状態であった．この結果，研究に使える時間と余裕を失っただけでなく，心身の不調につながったことが挫折の要因であった．今回は万全を期し，会社を辞めて経営コンサルタントとして独立することを計画し，2年目に実現したことで研究に使える時間が一気に増えた．第3に，博士学位取得への強い意志である．前回は学ぶこと自体が楽しく，博士の学位は「とれたらいいな」というぐらいの甘い考えだった気がする．今回は，限られた時間（在籍可能期間が3年）の中でなんとしても学位を取得するという強い気持ちで取り組もうと考えた．

前回の博士後期課程で授業科目の単位は取得済みであったため，再入学後の博士後期課程は，指導教官である皆川芳輝教授との1対1での研究指導（ゼミ）のみであった．2週間に1回のゼミで毎回新たな内容を報告することを自分に課し，前回のゼミで指摘された事項について検討した結果も報告することで思考が深まっていった．皆川教授とは，時にコンサルタント業務における課題，たとえば部門別の管理損益の算定方法などについても議論し，研究だけではなく様々なテーマについて知的好奇心を満たすことができた．

1年目に先行研究のレビューと博士論文の枠組み構築，2年目にアンケート調査の実施と分析，3年目に論文執筆という研究計画に沿って進めていった．そして，当初の計画よりは時間がかかったものの3年以内に予備審査合格までこぎつけ，4年目の2017年3月に博士（経営学）の学位を授与される運びとなった．

本研究を進めるにあたり，多くの方々のご指導，ご支援をいただいた．特に，再入学後にご指導いただいた皆川芳輝教授には心より感謝申し上げる．深い学識に裏付けられたご指導は，非常にわかりやすく納得できるものであった．日

本中小企業学会での報告に対してサンドバック状態の厳しい指摘を受け，意気消沈したままゼミに参加した筆者に対して，皆川教授は穏やかに，ウイットに富んだユーモアで温かく励まして下さった．実務的な知見は筆者から提供させていただくこともあり，ゼミで教授と議論することは理論と実践の融合という観点からも有意義で，刺激的な時間であった．

　予備審査をはじめ本審査の最終試験に至るまで貴重な時間を費やし，さまざまなご指摘，ご指導をいただいた副査の岡田千尋教授，松永公廣教授，岸田賢次特任教授にも心から感謝申し上げる．先生方のご指摘，ご指導のお蔭で博士論文の質を高めることができた．

　博士前期課程から前回の博士後期課程の2年目までご指導いただいた羽路駒次元教授にも感謝している．愛情と情熱にあふれた指導はしばしば時のたつのを忘れさせてくれた．

　そのほかにも，何かと気にかけてくださった十名直喜教授などお名前をすべてあげることはできないが，多くの先生方，先輩，学友諸氏，名古屋学院大学大学院事務室の歴代の職員の皆様にもお世話になった．

　アンケート調査に際しては，愛知県を中心とする経営革新認定企業を対象に送付し92社の回答を得た．業務でご多忙なところご協力いただいた皆様に感謝申し上げる．さらに，インタビュー調査をお願いした高末株式会社（現高末ホールディングス株式会社）の加藤博巳社長，株式会社みらい経営（現株式会社みらいホールディングス）の磯部悟社長，株式会社テクノプラストの中村明社長およびA株式会社の社長（現会長）にも感謝している．インタビュー調査が本書の内容充実に大きく貢献したと認識している．

　本研究を行うにあたり，一般財団法人生涯学習開発財団の「博士号取得支援事業」の助成金をいただいた．この事業は来るべき高齢化社会の生涯学習を促進し，よりよい社会づくりに貢献するために，博士号取得を目指す50歳以上の人を支援するものであり，松田妙子理事長，審査委員長の張競明治大学教授に感謝申し上げる．

　補論として，「ニッキン設立50周年記念懸賞論文」の共通テーマ部門で1席に入選した論文を掲載するにあたり，株式会社日本金融通信社の網仲誠氏の多大なるご配慮をいただいたことにも感謝申し上げる．

最後に，思いがけず長期にわたった研究のために休日を使い，ほとんど家族サービスらしいことができなかった筆者に不平も言わず支えてくれた妻と，朝晩の散歩で貴重な思索の時間を提供してくれた愛犬，そして，いつも励ましてくれた母に感謝したい．信州上田から名古屋での学位記授与式に出席してもらい，傘寿を迎えた母に親孝行ができたことをうれしく思っている．そのほかお世話になった多くの親族にも感謝申し上げたい．

　振り返ると本当に多くの方々の支えにより本研究は完遂したと実感する．本書が中小企業の経営者をはじめ，中小企業支援にかかわる関係者および研究者に少しでも役立つことを心より願っている．

　2019年1月

宮 島 康 暢

参 考 文 献

相原基大・近藤隆史 [2004]「中小企業におけるMCS研究の展望」長崎工業経営専門学校
　　大東亜経済研究所年報『経営と経済』第84巻第2号，119-132頁.

青木惠之祐 [2001]「従業員の心理的契約と組織コミットメントが退職意思に及ぼす影響
　　について」産業・組織心理学会『産業・組織心理学研究』第15巻第1号，13-25頁.

青木昌彦・H. パトリック [1996]『日本のメインバンク・システム』東銀リサーチインター
　　ナショナル訳，東洋経済新報社.

青木幹喜 [2007]「エンパワーメントとコントロール」慶応義塾大学出版会『三田商学研究』
　　第50巻第3号，239-251頁.

浅田孝幸・頼誠・鈴木研一・中川優・佐々木郁子 [2011]『管理会計・入門 第3版』有斐閣.

浅野俊光 [1991]『日本の近代化と経営理念』日本経済評論社.

朝原邦夫 [2012]「中小企業における管理会計システム構築の可能性――経営計画策定と
　　の関連を中心に――」名古屋学院大学大学院博士論文.

足立英一郎・金井司 [2004]『CSR経営とSRI』きんざい.

新井康平 [2008]「日本企業のマネジメント・コントロールにおける心理的契約の役割
　　――経験的研究――」日本管理会計学会『管理会計学』第16巻第2号，23-37頁.

安醍建二・乙政佐吉・福田直樹 [2010]「バランス・スコアカード研究の現状と課題――
　　実証研究のレビューに基づく検討――」日本原価計算研究学会『原価計算研究』第34
　　巻第1号，1-12頁.

井口嘉則・稲垣淳一郎 [2008]『中期経営計画の立て方・使い方』中経出版.

池尾和人・金子隆・鹿野嘉昭 [1993]『ゼミナール　現代の銀行』東洋経済新報社.

石川和男 [2013]「中小企業における事業承継問題――事業承継における経済的問題以外
　　を見据えて――」『専修大学商学研究所報』第44巻第7号，1-47頁.

伊丹敬之 [1986]『マネジメント・コントロールの理論』岩波書店.

伊丹敬之・加護野忠男・小林孝雄・榊原清則・伊藤元重 [1988]『競争と革新――自動車
　　産業の企業成長――』東洋経済新報社.

伊丹敬之・加護野忠男 [2003]『ゼミナール経営学入門 第3版』日本経済新聞社.

伊藤邦雄 [2003]「コーポレートブランド経営の新展開」，『一橋ビジネスレビュー』第51
　　巻第3号.

伊藤邦雄編著 [2012]『企業会計研究のダイナミズム』中央経済社.

伊藤隆 [2002]「中小企業における経営計画の作成と実行」信金中央金庫『信金中金月報』
　　第1巻第5号（通巻345号），18-32頁.

今井賢一・伊丹敬之・小池和男 [1982]『内部組織の経済学』東洋経済新報社.

今口忠政 [1994]「組織の衰退メカニズムについて」『三田商学研究』第37巻第2号，111-
　　118頁.

―――― [2007]「組織の衰退とイノベーション――ライフサイクルの視点から――」『三

田商学研究』第50巻第3号，45-55頁.

上埜進［2007］『管理会計：価値創出をめざして 第3版』税務経理協会.

上埜進編著［2009］『管理会計の基礎：理論と実践 第3版』税務経理協会.

内田浩史［2010］『金融機能と銀行業の経済分析』日本経済新聞出版社.

内田昌利［2008］「財務的業績目標と文化的要因：予算管理論との関連において」『北海学園大学経営論集』第6巻第1号，49-67頁.

───［2013］「ストレッチ・バジェッティングの発現形態──わが国企業における予算の統制機能をめぐって──」『北海学園大学経営論集』第10巻第4号，79-92頁.

内山哲彦［2008］「日本企業における成果主義と会計情報との係わり──人事管理思考と業績管理思考を視点にしたマネジメント・コントロールの検討──」日本原価計算研究学会『原価計算研究』第32巻第2号，68-83頁.

梅澤正［1994］『顔の見える企業』有斐閣.

占部都美［1960］「長期経営計画の性格について」神戸大学『国民経済雑誌』第101巻第4号，19-34頁.

───［1979］『戦略的経営計画論』白桃書房.

遠藤功［2005］『見える化──強い企業をつくる「見える」仕組み──』東洋経済新報社.

太田聰一・橘木俊詔［2012］『労働経済学入門〔新版〕』有斐閣.

大西淳［2009］『コーポレート・ファイナンスと管理会計──VBMの新たな展開──』京都大学学術出版会.

岡田昌也［1994］『経営学の基本問題』森山書店.

岡部孝好［2012］「情報の非対称性と会計情報の二つの機能」（http://www.obenet.jp/yukaina/wpsno201201.pdf 2014.10.16.確認）.

奥村惠一［1994］『現代企業を動かす経営理念』有斐閣.

小椋俊英［2014］「日本の中小企業における経営理念と経営計画の実態と業績に関する実証分析」小樽商科大学『商学討究』第65巻第1号，137-163頁.

織田善慎・木村幸信・澤本正巳［1995］『経営管理入門』税務経理協会.

小野有人［2007］『新時代の中小企業金融』東洋経済新報社.

柿崎洋一［1999］「ベンチャー企業の経営原理──ファミリービジネスとベンチャービジネスを中心にして──」日本マネジメント学会『日本経営教育学会全国研究大会研究報告集』第39号，113-117頁.

加護野忠男［1989］「戦略創造の組織論」白桃書房『組織科学』第23巻第1号，50-58頁.

───［2014］『経営はだれのものか』日本経済新聞出版社.

加護野忠男・坂下昭宣・井上達彦編著［2004］『日本企業の戦略インフラの変貌』白桃書房.

笠井賢治［1988］「意思決定会計とプロジェクト会計」『亜細亜大学経営論集』第24巻第1号，27-41頁.

梶原武久・新井康平・福嶋誠宜・米満洋己［2011a］「日本企業の経営計画の実態（上）」中央経済社『企業会計』第63巻第11号，1656-1663頁.

───［2011b］「日本企業の経営計画の実態（下）」中央経済社『企業会計』第63巻第12号，1838-1848頁.

金井寿宏・松岡久美・藤本哲［1997］「コープこうべにおける『愛と協同』の理念の浸透──組織の基本価値が末端にまで浸透するメカニズムの探求──」白桃書房『組織科

学』第31巻第 2 号，29-39頁.

神谷蒔生・森田栄一［1994］『経営計画の立て方』日本経済新聞社.

唐沢昌敬［2005］『経営学』同文舘出版.

川上義明［2007］「中小企業経営・管理研究に関する基礎的考察」福岡大学研究推進部『福岡大学 商学論叢』第51巻第 4 号，351-386頁.

―――――［2013］「中小企業研究への経営学的アプローチ――特殊経営学としての中小企業経営論――」『福岡大学 商学論叢』第58巻第 3 号，341-362頁.

―――――［2014］「中小企業の経営・管理（マネジメント）に関する一研究――基礎的考察の再検討――」『福岡大学 商学論叢』第59巻第 1 号，1 -27頁.

神戸伸輔［2004］『入門 ゲーム理論と情報の経済学』日本評論社.

菊池英貴［1998］「第二次大戦後の経営計画の展開――計画の長期化と戦略――」『第一経大論集』第28巻第 1 号，63-82頁.

岸田隆行［2010a］「予算管理の運用方法とその効果に関する実証分析――垂直的情報共有を媒介として――」日本原価計算研究学会『原価計算研究』第34巻第 2 号，24-34頁.

―――――［2010b］「日本企業における予算管理実務――質問票調査の結果報告――」『駒大経営研究』第44巻第 1，2 号，21-45頁.

―――――［2013］「予算管理の運用方法と情報共有およびその効果に関する実証研究」日本原価計算研究学会『原価計算研究』第37巻第 2 号，11-20頁.

岸本義之［2005］『金融マーケティング戦略』ダイヤモンド社.

北居明［1999］「経営理念研究の新たな傾向」大阪学院大学流通・経営科学学会『大阪学院大学流通・経営科学論集』第24巻第 4 号，27-52頁.

北居明・田中雅子［2006］「理念の浸透方法が及ぼす影響に対するコミットメントの媒介・仲介効果」『経営行動科学学会年次大会：発表論文集』第 9 号，278-281頁.

―――――［2009］「理念の浸透方法と浸透度の定量的分析――定着化と内面化――」日本マネジメント学会『経営教育研究』第12巻第 2 号，49-58頁.

北居明・出口将人［1997］「現代日本企業の経営理念と浸透方法」『大阪学院大学流通・経営科学論集』第23巻第 1 号，1445-1463頁.

北平至・柿澤健一朗［2013］「中長期的な企業戦略のあり方について――投資家の期待を踏まえたあるべき姿――」みずほコーポレート銀行『Mizuho Industry Focus』第126号，1 -16頁.

木村彰吾［2002］「ネットワーク時代の管理会計」日本原価計算研究学会『原価計算研究』第26巻第 1 号，12-19頁.

喬晋建［2014］「アンゾフの企業成長戦略：多角化戦略を中心に」熊本学園大学商学会『熊本学園商学論集』第18巻第 2 号，1 -29頁.

金融庁［2003］『リレーションシップバンキングの機能強化に向けて』.

黒瀬直宏［2009］「東アジア中小企業の経営体としての発展段階――情報共有を尺度として――」慶應義塾経済学会『三田学会雑誌』第101巻第 4 号, 787（197）-807（217）頁.

クーンツ，H.・C. オドンネル［1979］『経営計画』大坪檀監訳，マグロウヒル好学社.

久保克行・広田真一・宮島英昭［2005］「日本企業のコントロールメカニズム――経営理念の役割――」早稲田大学21世紀COE総合研究所『企業と法創造』第 1 巻第 4 号，113-124頁.

計聡［1999］「情報の非対称性下での金融理論——最近の研究成果の展望——」『敬愛大学研究論集』第56号，47-70頁.

経営哲学学会編［2012］『経営哲学の授業』PHP研究所.

経済産業省［2005a］企業価値研究会「論点公開」.

——［2005b］「知的資産経営の開示ガイドライン」（http://www.meti.go.jp/policy/intellectual_assets/pdf/ 2 -guideline-jpn.pdf 2016.7.4.確認）.

神戸大学経済経営学会編［2011］『ハンドブック経営学』ミネルヴァ書房.

河野豊弘［1966］『経営計画の理論』ダイヤモンド社.

——［1974］「経営計画の概念と体系についての序論」『学習院大学経濟論集』第10巻第 4 号，55-66頁.

——［1975］『長期経営計画の探求』ダイヤモンド社.

河野豊弘編［1978］『最新　長期経営計画の実例』同文舘出版.

河野豊弘［1980］『戦略経営計画のたて方』ダイヤモンド社.

河野豊弘編［1986］『長期経営計画の実例』同文舘出版.

小島茂［1990］『長期経営計画作成マニュアル』日本能率協会.

後藤幸男［1958］「経営計画と不確実性」日本経営学会『経営学論集』第30巻，75-81頁.

——［1979］『経営計画と経営分析』税務経理協会.

後藤幸男・三木信一・中橋国蔵編著［1992］『新経営管理論講義〔増補版〕』中央経済社.

コトラー, P.［2003］『コトラーのマーケティング・コンセプト』恩蔵直人監訳，東洋経済新報社.

小林末男責任編集［1996］『新・経営行動科学辞典〔増補改訂版〕』創成社.

小林靖雄［1958］「長期経営計画と設備計画」日本経営学会『経営学論集』第29号，286-296頁.

酒井俊行［2008］「情報の経済学と中小企業金融」『商工金融』商工中金HP（www.shokosoken.or.jp/chousa/img/19-8.pdf 2011.3.26.確認）.

酒井泰弘［2008］「非対称情報と市場経済のワーキング——リスクの経済思想の視点から——」滋賀大学『彦根論叢』第374巻，53-86頁.

——［2010］『リスクの経済思想』ミネルヴァ書房.

櫻井通晴［2010］『管理会計 基礎編』同文舘出版.

——［2012］『管理会計〔第 5 版〕』同文舘出版.

佐藤一義［2011］「中小企業経営者の理念と行動に関する一考察——質的研究調査法とその活用——」日本マネジメント学会『経営教育研究』第14巻第 1 号，19-28頁.

——［2014］「中小企業における経営理念——成功する中小企業の特徴と経営理念——」日本マネジメント学会『経営教育研究』第17巻第 2 号，17-22頁.

澤邉紀生・澤邉ゼミナール［2008］「日本企業のマネジメント・コントロール実態調査——東証一部上場企業と関西非上場企業の比較——」メルコ学術振興財団『メルコ管理会計研究』 第 1 号，81-93頁.

澤邉紀生・飛田努［2009a］「中小企業における組織文化とマネジメントコントロールの関係についての実証研究」『日本政策金融公庫論集』第 3 号，73-93頁.

——［2009b］「組織文化に応じたマネジメントコントロールシステムの役割」メルコ学術振興財団『メルコ管理会計研究』 第 2 号，53-67頁.

芝隆史・水谷内徹也［1988］「経営理念と経営戦略に関する地域比較分析——愛知と北陸の陸運業界に対するアンケート調査を介して——」愛知学院大学産業研究所『地域分析』，第26巻第2号，27-64頁．

柴田仁夫［2013］「経営理念の浸透に関する先行研究の一考察」埼玉大学経済学会『経済科学論究』第10号，27-38頁．

──── ［2014］「実践の場における経営理念の浸透——関連性理論と実践コミュニティによるインターナル・マーケティング・コミュニケーションの考察——」埼玉大学大学院経済科学研究科，博士論文（http://sucra.saitama-u.ac.jp/detail.php?id=GD0000518.pdf 2014.10.20.確認）．

清水馨［1996］「企業変革に果たす経営理念の役割」慶応義塾大学商学会『三田商学研究』第39巻第2号，87-101頁．

──── ［2000］「最高意思決定機関の意思決定プロセスと戦略との関係——新事業開発に対するトップの関わり——」慶応義塾大学商学会『三田商学研究』第43巻第2号，109-124頁．

清水龍瑩［1985］「中小企業倒産の構造的要因の分析」慶応義塾大学商学会『三田商学研究』第28巻第2号，1-24頁．

──── ［1986］『中堅・中小企業成長論』千倉書房．

──── ［1995］「経営者の人事評価（Ⅱ）——経営者能力——」慶応義塾大学商学会『三田商学研究』第38巻第4号，1-30頁．

──── ［2000］「優れたトップリーダーの能力」慶応義塾大学商学会『三田商学研究』第42巻第6号，31-57頁．

志村正［2010］「予算スラックに関する一考察」中央大学経理研究所『経理研究』第53号，142-152頁．

住原則也・三井泉・渡邊祐介編著［2008］『経営理念 継承と伝播の経営人類学的研究』PHP研究所．

関智宏［2007］「ビジネスプランと中小企業経営——中小企業家同友会の経営指針成文化運動との関連を中心に——」中小企業家同友会全国協議会『企業環境研究年報』第12号，81-94頁．

瀬戸正則［2008］「経営理念の組織内浸透におけるコミュニケーションに関する研究——同族経営中小企業における経営者・中間管理職の行動を中心に——」日本マネジメント学会『経営教育研究』第11巻第2号，125-139頁．

──── ［2009］「経営理念の組織内浸透に係わる先行研究の理論的考察」『広島大学マネジメント研究』第9号，25-35頁．

──── ［2010］「経営理念の浸透と組織文化に関する一考察——同族経営中小冠婚葬祭業に着目して——」日本マネジメント学会『経営教育研究』第13巻第2号，69-78頁．

高巌［2010］「経営理念はパフォーマンスに影響を及ぼすか——経営理念の浸透に関する調査結果をもとに——」麗澤大学経済学会『麗澤経済研究』第18巻第1号，57-66頁．

高尾義明［2009］「経営理念の組織論的再検討」，京都大学京セラ経営哲学寄付講座編『経営哲学を展開する』文眞堂．

高尾義明・王英燕［2012］『経営理念の浸透——アイデンティティ・プロセスからの実証分析——』有斐閣．

高島克史［2009］「ベンチャー企業の成長モデルに関する考察——Greinerの説をもとにして——」弘前大学人文学部『人文社会論叢．社会科学篇』第21巻，79-94頁．

高田馨［1978］『経営目的論』千倉書房．

髙田亮爾［2008］「中小企業の地位・役割と政策の意義」『流通科学大学論集——流通・経営編——』91-104頁．

高橋美樹［2007］「イノベーションと中小・ベンチャー企業」慶応義塾大学商学会『三田商学研究』第50巻第3号，139-154頁．

————［2013］「中小企業の量的成長と質的成長」慶応義塾大学商学会『三田商学研究』第56巻第6号，133-142頁．

竹山正憲［1997］『新版 中・長期経営計画のつくり方と実例』税務経理協会．

田中秀穂・鍋田英彦・井原久光ほか［2006］「中小企業のビジネスモデル策定に関する調査研究」『東洋学園大学紀要』第14巻，143-165頁．

田中雅子［2006］『ミッションマネジメントの理論と実践』中央経済社．

谷本寛治編著［2003］『SRI社会的責任投資入門』日本経済新聞社．

谷行治・榎本悟［2006］「中小企業におけるターンアラウンド戦略——V字回復に向けて——」『岡山大学経済学会雑誌』第38巻第2号，127-147頁．

多和田真，家森信善編著［2005］『東海地域の産業クラスターと金融構造』中央経済社．

中小企業基盤整備機構［2007］『中小企業のための知的資産経営マニュアル』中小企業基盤整備機構．

————［2011］『中小企業の管理会計システム——キャッシュ・フロー経営の視点から——』中小企業基盤整備機構経営支援情報センター．

中小企業研究所［1993］『中小企業の経営管理における経営計画の機能とその課題』中小企業研究所．

中小企業診断協会編［1993］『経営計画を軸とする戦略の展開』同友館．

中小企業庁［2005］『中小企業白書2005年版』（http://www.chusho.meti.go.jp/pamflet/hakusyo/h17/hakusho/ 2014.10.20.確認）．

————［2010］『中小企業白書2010年版』ぎょうせい．

————［2014］『中小企業白書2014年版』日経印刷．

中小企業庁編［2003］『中小企業白書2003年版』ぎょうせい．

————［2005］『中小企業白書2005年版』ぎょうせい．

塚越寛［2004］『いい会社をつくりましょう』文屋．

————［2009］『リストラなしの「年輪経営」』光文社．

土屋喬雄［2002］『日本経営理念史（新装復刻版）』麗澤大学出版会．

寺岡寛［2011］『巨大組織の寿命——ローマ帝国の衰亡から学ぶ——』信山社出版．

————［2012］『経営学講義——世界に通じるマネジメント——』税務経理協会．

株式会社東海総合研究所［1997］『実際的な経営計画のつくり方』東海総合研究所．

徳永善昭［1981］『現代経営計画論』白桃書房．

戸田俊彦［1983］「企業のライフサイクルと倒産・成功」滋賀大学経済学会『彦根論叢』第222，223号，329-349頁．

飛田努［2010］「日本企業の組織文化・経営理念と財務業績に関する実証分析——2000年代における日本的経営を考察する手掛かりとして——」『立命館経営学』第48巻第5号，

61-78頁.

──── ［2011］「熊本県内の中小企業の経営管理・管理会計に関する実態調査」熊本学
園大学付属産業経営研究所『産業経営研究』第30巻，29-42頁.

──── ［2012a］「中小企業における経営管理・管理会計実践に関する実態調査──福岡
市内の中小企業を調査対象として──」熊本学園大学大学院会計専門職研究科『会計
専門職紀要』第3号，57-69頁.

──── ［2012b］「中小企業のマネジメントコントロールシステムと組織成員の動機付け
に関する実証研究──熊本県・福岡市内の中小企業を対象として──」熊本学園大学
付属産業経営研究所『産業経営研究』第31巻，113-130頁.

──── ［2014］「中小企業を対象とする管理会計研究の意義──経験的研究を行うため
の試論として──」大阪経済大学中小企業・経営研究所『中小企業季報』第1巻，
1-13頁.

戸前壽夫［2000］「地域製造中小企業の経営理念と経営者のビジョン」『岡山大学経済学会
雑誌』第32巻第2号，35-57頁.

ドラッカー, P. F. ［2001］『マネジメント　基本と原則』上田惇生編訳，ダイヤモンド社.

中井透［2009］「『第二創業』としての事業承継──創業企業とのパフォーマンス比較と『第
二創業』を生み出す要因の分析──」日本財務管理学会『年報財務管理研究』第20号，
15-27頁.

中川敬一郎編著［1972］『経営理念』ダイヤモンド社.

長島総一郎［2008］『中・短期経営計画』生産性出版.

中條祐介［2011］「中期経営計画情報の自発的開示行動とその企業特性」日本會計学会『會
計』第180巻第6号，805-819頁.

──── ［2014］「財務報告と中期経営計画情報の開示」中央経済社『企業会計』第66巻
第9号，1406-1409頁.

永野瑞穂［1976］『経営計画論』丸善.

中原秀登［2004］『基本　経営学』新世社.

中村中［2012］『中小企業再生への経営改善計画』ぎょうせい.

中村元一・林鐵也・山田徹［1973］『経営計画入門』日本生産性本部.

中村元一・山下達哉［1992］『理念・ビジョン追求型経営』都市文化社.

中山金治［1978］「中小企業経営論の問題視角（日本的経営の諸問題）」日本経営学会『経
営学論集』第48巻，293-297頁.

楢崎賢吾［2010］「経営理念の内容と業績との関係についての考察──中小企業の事例に
よる検証から」『大阪府立大学経濟研究』第56巻第4号，89-108頁.

南山短期大学人間関係科監修［2005］『人間関係トレーニング〔第2版〕』ナカニシヤ出版.

西川善文［2011］『ザ・ラストバンカー』講談社.

西山茂［2009］『戦略管理会計〔改訂2版〕』ダイヤモンド社.

日本経済新聞　2005年4月30日.

丹羽哲夫［2009］『中期経営計画書のつくり方・見直し方』中経出版.

根本忠宣［2011］「日本の金融機関における審査体制とソフト情報の収集・活用」商工総
合研究所『商工金融』第61巻第1号，8-37頁.

野中郁次郎・竹内弘高［1996］『知識創造企業』東洋経済新報社.

野林晴彦・浅川和宏［2001］「理念浸透『5つの策』——経営理念の企業内浸透度に着目して——」慶應義塾経営管理学会『慶應経営論集』第18巻第1号，37-55頁.

長谷部光哉［2009］「バランスト・スコアカード（BSC）の中小企業への導入フロー」東北大学研究年報『経済学』第69巻第4号，385-400頁.

―――［2010］「BSCプロジェクトにおける戦略目標および業績評価指標の選択に係るミスリード——中小企業のBSC導入事例研究を基礎として——」東北大学研究年報『経済学』第70巻第1,2号，117-118頁.

鉢嶺実［2005］「脚光を浴びる『第二創業』——既存事業の"行き詰まり感"の打開へ向けて——」『信金中金月報』第4巻第3号，13-25頁.

―――［2006］「中小企業の事業承継問題の現状——世代交代を『第二創業』の契機としていくために——」『信金中金月報』第5巻第2号，4 -15頁.

服部泰宏［2011］「経営理念の浸透が心理的契約不履行の成果に及ぼす影響——階層線形モデルによる検討——」滋賀大学経済学部『Working Paper』No.156，1 -21頁.

―――［2012］「日本企業の組織・制度変化と心理的契約——組織内キャリアにおける転機に着目して——」労働政策・研究機構『日本労働研究雑誌』第54巻第11号，60-72頁.

林寿和［2014］「中期経営計画の開示行為に対する株式市場の反応の検証」中央経済社『企業会計』第66巻第7号，1112-1120頁.

平野光俊［2003a］「人的資源管理における情報の非対称性の生成と克服——大手小売業2社の人事異動のケースを中心に——」神戸大学Discussion Paper，1 -18頁.

―――［2003b］「双対原理の2つの組織モードと個人情報の非対称性」神戸大学Discussion Paper，1 -23頁.

―――［2004］「組織モードの変容とコア人材のマネジメント」神戸大学経済経営学会『国民経済雑誌』第190巻第2号，77-97頁.

福島一矩［2011］「組織ライフサイクルとマネジメント・コントロールの変化」日本原価計算研究学会『原価計算研究』第35巻第1号，130-140頁.

―――［2012］「組織成長とマネジメント・コントロールの変化——組織ライフサイクルに基づく考察——」中央経済社『企業会計』第64巻第2号，250-256頁.

福嶋誠宣・米満洋己・新井康平・梶原武久［2011］「経営計画が企業業績に与える影響についての経験的な検証」神戸大学経営学研究科Discussion Paper，1 -14頁（http://www.b.kobe-u.ac.jp/paper/2011_39.pdf 2012.8.18.確認）.

―――［2013］「経営計画が企業業績に与える影響」日本管理会計学会『管理会計学』第21巻第2号，3 -21頁.

船井幸雄［2010］『退散せよ！似非コンサルタント』李白社.

古川栄一編［1972］『経営計画』同文舘出版.

程原大善［2012］『中小企業支援のための実践戦略会計』同友館.

堀部悟志［2006］「管理会計技法の登場と『整合性』——ABC, BSC, EVAを切り口に——」京都大学経済学会『経済論叢』第178巻第4号，440-456頁.

本庄裕司［2010］『アントレプレナーシップの経済学』同友館.

牧浦健二［2007］『経営学概論[改訂版]』同文舘出版.

牧戸孝郎・長谷理恵子［1999］「中小企業における『経営者マインド』と業績」中央経済

社『企業会計』第51巻第 5 号，849-856頁.

槙谷正人［2012］『経営理念の機能　組織ルーティンが成長を持続させる』中央経済社.

松岡久美［1997］「経営理念の浸透レベルと浸透メカニズム──コープこうべにおける『愛と協同』──」神戸大学大学院経営学研究会『六甲台論集. 経営学編』第44巻第 1 号，183-203頁.

松下隆［2008］「マネジメントサイクルの運用はイノベーション（経営革新）に貢献するのか──経営革新承認企業の考察──」大阪府立産業開発研究所『産開研論集』第20号，68-75頁.

松田修一［2001］『ベンチャー企業』日本経済新聞社（日経文庫）.

松葉博雄［2008］「経営理念の浸透が顧客と従業員の満足に及ぼす効果──事例企業調査研究から──」経営行動科学学会『経営行動科学』第21巻第 2 号，89-103頁.

真船洋之助［1992］『戦略的経営のための経営計画』税務経理協会.

丸山雅祥［2011］『経営の経済学〔新版〕』有斐閣.

三浦克人［2013］「経営計画に関する覚え書き──近年の開示例と実証研究を手がかりとして──」『愛知淑徳大学論集──ビジネス学部・ビジネス研究科篇──』第 9 号，119-128頁.

三浦純一［2012］「中小企業における働きがい──人間的成長と地域貢献の視点から考える──」企業環境研究センター『企業環境研究年報』第17号，81-99頁.

水谷内徹也［1992］『日本企業の経営理念』同文舘出版.

水野由香里［2012］「事業の拡大と組織の成長──協立電機の事例から──」『組織学会大会論文集』第 1 巻第 2 号，122-130頁.

皆川芳輝［2012］「サプライチェーンの特性に適合するコスト・マネジメント」日本原価計算研究学会『原価計算研究』第36巻第 1 号，35-44頁.

───［2014］「管理会計が与える新製品開発への貢献」『名古屋学院大学論集　社会科学篇』第50巻第 3 号，13-28頁.

宮内健次［2009］『はじめての経営計画の作り方・活かし方』日本実業出版社.

三宅健三［1995］『中小企業の経営管理』中央経済社.

宮島康暢［2005］「育成型ベンチャーキャピタルによる投資先の企業価値向上戦略」名古屋学院大学大学院経済経営研究科修士論文.

───［2006］「2010年の金融機関のあるべき姿とは──真に顧客価値を高める金融機関だけが生き残る──」ニッキン設立50周年記念論文集『2010年の金融機関』日本金融通信社.

───［2012］「中小企業金融における情報の非対称性──融資判断における金融機関の論理をめぐって──」大阪経済大学中小企業・経営研究所『中小企業季報』第 4 号，12-22頁.

───［2014］「中小企業における情報の非対称性に関する研究序説──経営計画策定との関連から──」『名古屋学院大学大学院経済経営論集』第17号，173-191頁.

虫明千春［2014］「知的資産経営報告書の活用の現状と課題──「継続的な開示」の有用性──」『日本経営診断学会論集』14巻，47-51頁.

村松司叙［1998］『現代経営学総論〔第 2 版〕』中央経済社.

村本孜［2005］『リレーションシップバンキングと金融システム』東洋経済新報社.

望月恒男［2009］「管理会計序論」『愛知学院大学論叢　商学研究』第50巻第1号，169-185頁．

持本志行・荒深友良［2001］『経営学要論――現代の経営――』白桃書房．

門田安弘編著［2008a］『管理会計レクチャー・基礎編』税務経理協会．

―――――［2008b］『管理会計レクチャー・上級編』税務経理協会．

安田武彦［2006］「小規模企業経営者の世代交代は適切に行われているか――ミクロデータを用いた一試論――」中央大学企業研究所『企業研究』第10号，13-33頁．

柳孝一［2004］『ベンチャー経営論』日本経済新聞出版社．

藪下史郎［1995］『金融システムと情報の理論』東京大学出版会．

藪下史郎・武士俣友生［2006］『中小企業金融入門第2版』東洋経済新報社．

山岸俊男［1999］『安心社会から信頼社会へ』中央公論新社（中公新書）．

山口操・藤森三男編著［1992］『企業成長の理論』千倉書房．

山倉健嗣［2009］「中小企業の成長戦略と組織・組織間関係」横浜国立大学『横浜国際社会科学研究』第13巻第6号，1-8頁．

山城章編著［1969］『現代の経営理念（理論編）』白桃書房．

横川雅人［2009］「経営理念――その機能的側面と制度的側面――」関西学院大学『経営戦略研究』第3号，5-20頁．

―――――［2010a］「現代日本企業における経営理念の機能と理念浸透策」関西学院大学『ビジネス＆アカウンティングレビュー』第5号，219-236頁．

―――――［2010b］「現代日本企業の経営理念――『経営理念の上場企業調査実態調査』を踏まえて――」関西学院大学『産研論集』第37号，125-137頁．

―――――［2010c］「『続』現代日本企業の経営理念――未上場企業への『経営理念実態調査アンケート』をもとにして――」関西学院大学『経営戦略研究』第4号，5-27頁．

横田絵理［2000］「業績測定・評価と報酬システム――日本企業における成果主義への動きについての一考察――」日本管理会計学会『管理会計学』第8巻第1・2合併号，51-68頁．

横田絵理・妹尾剛好［2011］「日本企業におけるマネジメント・コントロール・システムの実態――質問票調査の結果報告――」慶応義塾大学商学会『三田商学研究』第53巻第6号，55-79頁．

横田絵理・金子晋也［2014］『マネジメント・コントロール――8つのケースから考える人と企業経営の方向性――』有斐閣．

吉田栄介・福島一矩・妹尾剛好［2009］「日本企業の管理会計実態（3・完）」慶応義塾大学商学会『三田商学研究』第52巻第1号，25-35頁．

頼誠［2004］「中小企業の管理会計（1）英国における研究をめぐって」森山書店『會計』第166巻第2号，188-201頁．

ライクヘルド, F. F.［1993］「顧客ロイヤルティと従業員ロイヤルティによる良循環経営」DIAMONDハーバード・ビジネスレビュー編集部編訳『顧客サービス戦略』ダイヤモンド社．

李健・松木智子・福田直樹［2012］「予算スラックと日本的予算管理」『京都学園大学経営学論集』第21巻第2号，31-53頁．

レイサム, G.［2009］『ワーク・モチベーション』金井壽宏監訳・依田卓巳訳，NTT出版．

ロック, E. A.・G. P. ラザム［1984］『目標が人を動かす――効果的な意欲づけの技法――』松井賚夫・角山剛訳，ダイヤモンド社．

渡辺光一・岡田正大・樫尾直樹［2005］「経営理念の浸透度と企業業績の関係」リクルートワークス研究所『Works』第11巻第4号，17-20頁．

渡邊俊輔・伊藤克容［2002］「組織学習を促進するマネジメント・コントロール――管理会計の新たな体系化の視点――」日本原価計算研究学会『原価計算研究』第26巻第1号，32-46頁．

渡辺睦・中山金治［1986］『中小企業経営論』日本評論社．

欧文献

Akerlof, G. A.［1970］"The Market for Lemons: Quality Uncertainty and the Market Mechanism,"*The Quarterly Journal of Economics 84*, pp. 488-500, 幸村千佳良・井上桃子訳［1995］『ある理論経済学者のお話の本』ハーベスト社．

Ansoff, H. I.［1965］*Corporate Strategy*, McGraw-Hill, Inc, 広田寿亮訳［1969］『企業戦略論』産業能率短期大学出版部．

Anthony, R. N.［1965］*Planning and Control Systems A Framework for Analysis*, Harvard University, 高橋吉之助訳［1968］『経営管理システムの基礎』ダイヤモンド社．

Anthony, R. N. and V. Govindarajan［2007］*Management Control Systems: Performance Measurement, Evaluation,and Incentives, 12thed*, McGraw-Hill.

Argenti, John［1976］*Systematic Corporate Planning*, John Wiley & Sons, Inc., 古川栄一監訳，中村元一・林鐵也・横沢利昌・大河内信司訳［1976］『経営計画の理論と実践』日刊工業新聞社．

Barnard, C. I.［1938］*The Function of the Executive*, Harvard University Press, 山本安次郎・田杉競・飯野春樹訳［1968］『経営者の役割』ダイヤモンド社．

Chandler, A. D. Jr［1962］*Strategy and Structure:Chaptera in the History of the Industrial Enterprise*, Cambridge, MA: MIT Press, 有賀裕子訳［2004］『組織は戦略に従う』ダイヤモンド社．

Collins. J. C. and J. I. Porras［1994］*Built to Last: Successful Habits of Visionary Companies*, Harper Business, 山岡洋一訳［1995］『ビジョナリーカンパニー　時代を超える生存の原則』日経BP出版センター．

Cook, K. J.［1994］*AMA complete guide to strategic planning for small business*, NTC Business Books, 澤内隆志監訳［1999］『中小企業のための戦略計画』同友館．

Drucker, P. F.［2006］*The Practice of Management*, Harper Collins Publishers.

Greiner, L. E.［1972］"Evolution and revolution as organization Grows," *Harvard Business Review*, July-Aug., 藤田昭雄訳［1979］「企業成長の"フシ"をどう乗り切るか」『ハーバード・ビジネス・レビュー』1979年2月号，ダイヤモンド社．

Mintzberg, H.［1994］*The Rise and Fall of Strategic Planning*, New York: Free Press, 中村元一監訳，黒田哲彦・崔大龍・小高照男訳［1997］『戦略計画 創造的破壊の時代』産能大学出版部．

Spence, M.［1973］"Job Market Signaling," *The Quarterly Journal of Economics*, Vol. 87,

No. 3.（Aug., 1973）.

Steiner, G. A.［1977］*Strategic Managerial Planning*, 河野豊弘訳［1978］『戦略経営計画』ダイヤモンド社.

Stiglitz, J. E., Weiss, A.［1981］"Credit Rationing in Markets with Imperfect Information," *The American Economic Review*, Volume 71, Issue 3（Jun, 1981）.

Timmons, J. A.［1994］*New Venture Creation－Entrepreneurship For The 21ˢᵗ Century*, 千本倖生・金井信次訳［1997］『ベンチャー創造の理論と戦略』ダイヤモンド社.

参考資料

愛知県ホームページ「平成25年度刊愛知県統計年鑑」（http://www.aichi.pref.jp/0000068896.html 2015.1.27.確認）.

株式会社テクノプラスト　ウエブサイト（http://technoplast.co.jp/company/index.html 2015.3.25.確認）.

株式会社みらい経営ウェブサイト（http://www.miraikeiei.jp/company/ 2015.7.30.確認）.

国税庁 平成24年版会社標本調査.

総務省 「事業所・企業統計調査」,「経済センサス」.

高末株式会社ウェブサイト（http://www.takasue.co.jp/outline/outline02.html 2015.3.25.確認）.

中堅企業研究会［2014］『強い中堅企業のかたち　中堅企業研究会リポート2014』中堅企業フォーラムホームページ（http://midmarketforum.org/wp-content/uploads/2014/10/MMrepot_all_LOW.pdf 2014.10.30.確認）.

中小企業家同友会全国協議会ホームページ（http://www.doyu.jp/org/towa/ 2014.11.29.確認）.

中小企業基盤整備機構『認定支援機関向け経営改善・事業再生研修【基礎編】』（http://www.smrj.go.jp/keiei/dbps_data/_material_/b_0_keiei/chiikiryoku/pdf/e-text.pdf 2015.6.13.確認）.

中小企業庁ホームページ（http://www.chusho.meti.go.jp/soshiki/teigi.html 2014.11.2.確認）.

中小企業庁［2006］「会計処理・財務情報開示に関する中小企業経営者の意識アンケート調査結果（http://www.chusho.meti.go.jp/zaimu/kaikei/2006/060630kaikei_enquete.html 2014.1.11.確認）.

中小企業庁リーフレット［2012］『「中小会計要領」ができました！！』.

中小企業庁［2014］『中小会計要領に取り組む事例65選』.

独立行政法人中小企業基盤整備機構ホームページ（http://www.smrj.go.jp/keiei/dbps_data/_material_/b_0_keiei/chiikiryoku/pdf/e-text.pdf 2015.6.13.確認）.

パナソニック株式会社ウェブサイト（www.panasonic.com/jp/corporate/history/konosuke-matsushita.html 2015.3.23.確認）.

索　　引

〈ア　行〉

Akerlof　43
アンケート調査　7, 85
Ansoff　74
暗黙知　18
いい会社　168
意思決定　22
　　──プロセスのタイプ　79
一貫性　30
一体感を醸成する機能　19, 22
意図に対する信頼　53
稲盛和夫　58
インタビュー調査　7, 111

〈カ　行〉

会計コントロール　78
会計情報　24
会社の将来性　24
外部環境　74
　　──分析　142
外部志向型企業　57
外部志向型クラスター　78
外部報告目的　26
隠された情報　50, 56
隠れた行動　155
隠れた知識　155
活動の計画　81
借り手の行動　45
借り手の質　45
環境変化に対する適合機能　19
簡潔性　30
完全情報　47
管理会計　5, 24
管理者　71
管理者的態度　72
管理者マインド　71
機会　74
企業家　71
　　──的態度　72

　　──マインド　71
企業成長モデル　64
企業内統合の原理　19, 22
企業の使命　142
企業の将来性　52
企業の目的　142
企業は人なり　76
技術力　51
基本目標　81
逆選抜　44, 56, 154, 155
急成長期　67
脅威　74
業種別　88
協働意欲　4, 16, 24, 152
Greiner の成長モデル　7, 64
経営改善計画　83, 160
経営革新計画　7
経営学の研究対象　2
経営環境分析　52, 74
経営計画　1, 4, 27, 30, 32, 36
　　──高度活用企業　112
　　──制度　5
　　──の開示　154, 156
　　──の活用　4
　　──の機能　33
　　──の効果　33
　　──の更新方法　28
　　──の体系　27
　　──の必要性　31
　　──の役割　24
　　──発表会　97
　　──モデル　135
経営コンサルタント　4, 21
経営資源　15, 74
　　──需要　3, 31
経営指針　34
経営実践機能　23
経営者の暗黙知　30, 155
経営者能力　69
経営者の思い　17

経営者の行動　36
経営者の資質・能力　52, 71
経営者の信頼性　52
経営戦略　30, 74
経営の信条　17
経営ビジョン　24, 37
　　──の決定　144
経営方針　17
経営目標　24, 30
経営理念　17, 37, 142
　　──に基づく経営計画　35, 154
　　──の階層性　37
　　──の機能　19, 22
　　──の作者と読者　6, 35
　　──の浸透　6, 18
　　──の浸透方法　19, 23
　　──の定義　17
　　──の明確化　72
　　──の役割　22
　　──の領域性　37
　　──を活かす枠組み　37
計画の計画　137
計画の必要性　141
構造計画　81
河野豊弘　25
国税庁　14
固定方式　29
コミュニケーション　16, 21, 24, 152
　　──ツール　4, 24, 32, 154

〈サ　行〉

差異分析　36, 60
　　──の実施サイクル　99
財務会計　24
債務履行努力　45
債務履行能力　45
事業承継　18
シグナリング　59
　　──効果　156
自己開示　49
事後の情報　45
市場開発　75
市場浸透　75
事前の情報　45

七五三離職　54
執行管理　72
実態調査　7
仕振り　52
資本金規模別　88
清水龍瑩　68
社会コントロール　78
社会的適応の原理　19, 22
社訓　17
社是　17
従業員規模別　88
従業員能力　51
小規模事業者　3
情報の経済学　1, 4
情報の質　44
情報の非対称性　2, 7, 17, 42, 43, 83
　　──緩和　5-7, 82, 156
情報の量　44
将来構想の構築　72
ジョハリの窓　48
心理的契約　54, 154
衰退期　7, 70
SWOT 分析　74, 138, 142
スクリーニング効果　154, 156
スタート・アップ（創業）期　67, 69
Starbuck　63
Steiner　135
ストーリー性　30
Spence　59
成員統合機能　19, 22
成功の方程式　58
成熟期　7, 68, 70, 83
成長期　7, 70
成長志向　3, 31
成長ベクトル　75
正当化機能　19
製品開発　75
製品市場戦略　81
製品─市場分野　75
戦術計画　136
戦略計画　5, 25, 136
戦略的意思決定　72
戦略は組織に従う　74
創業期　7

組織構造　74
組織の成長段階　64
組織の成立要件　4, 16, 24, 152
組織は戦略に従う　74
組織文化　77
組織目的　57, 77
組織力　51
ソフト情報　46

〈タ　行〉

対外的な情報の非対称性　7, 42
大企業　2
対称情報　47
対内的な情報の非対称性　7, 42
第二創業　18
　　──期　7, 70
多角化　75
短期経営計画　27
短期計画　27, 140
知的資産経営のガイドライン　33
知的資産経営報告書　33
Chandler　74
中期経営計画　27
中期計画　27, 139
中堅中小企業の成長モデル　68
中小企業　3, 12
　　──会計要領　51
　　──家同友会全国協議会　34
　　──基本法　3, 12
　　──金融　2, 7, 43
　　──金融円滑化法　160
　　──経営革新計画承認企業　85
　　──経営者　4
　　──再生支援協議会　160
　　──実態調査　14
　　──者数　13
　　──診断協会　85
　　──診断士　135
　　──庁　14
　　──の会計に関する指針　51
　　──の経営計画モデル　141
　　──の発展段階　1, 7
長期計画　27
強み　74

Timmons　7, 67
動機づけ機能　19
トップダウン　28
Drucker　38

〈ナ　行〉

内部環境分析　142
内部管理目的　26
内部指向型企業　57
内部志向型クラスター　78
西川善文　52
認定経営革新等支援機関　144
ノウハウ　51
能力に対する信頼　53

〈ハ　行〉

ハード情報　46
Barnard　4, 16, 24, 152
バックボーン機能　19, 22
発展段階別　88
Peters　74
PDCA サイクル　125
非対称情報　47
兵庫中小企業家同友会　22
開かれた情報　50, 56
フィードバック　49
船井幸雄　21
返済能力　42, 44
ベンチャー企業の成長モデル　7, 67
ボトムアップ　28

〈マ　行〉

Marshall　63
松下幸之助　106, 142
マネジメント・コントロール　57, 77
マネジメント・コントロール・システム（MCS）
　　5, 27, 77
マネジメント・サイクル　125
見える化　30
見える化経営　35
未知の情報　50, 56
無情報　47
明文化　17, 22, 24
メインバンク・システム　44

盲目の情報　50, 56
モチベーション　51
　——向上　157
モニタリング効果　156
モラル・ハザード　44, 56, 155
森の比喩　63

〈ヤ　行〉

融資判断　44, 45

弱み　74

〈ラ　行〉

ライフサイクル　63
理念コントロール　78
リレーションシップ・バンキング　43
理論研究　7
ローリング方式　29

《著者紹介》

宮 島 康 暢（みやじま　やすのぶ）

名古屋学院大学博士（経営学），中小企業診断士，
１級ファイナンシャルプランニング技能士（CFP®），三重県中小企業家同友会会員

1963年　長野県上田市生まれ
1986年　東北大学経済学部卒業
1986年　㈱東海銀行（現㈱三菱UFJ銀行）入社
2000年　名古屋中小企業投資育成㈱入社
2005年　名古屋学院大学大学院経済経営研究科博士前期課程修了
2014年　きずなコンサルティング・コーチング開業
2016年　名古屋学院大学大学院経済経営研究科博士後期課程単位修得済満期退学
2017年　博士（経営学）
現　在　名古屋証券取引所二部上場の株式会社MIEコーポレーションにて
　　　　常勤監査役を務めるほか，複数の中堅・中小企業の経営支援に携わっている

研究業績
「育成型ベンチャーキャピタルのマーケティング戦略」『名古屋学院大学大学院経済経営
　論集』第９号，2006年
「いま，金融界に求められることは」『2010年の金融機関——そのあるべき姿とはニッ
　キン設立50周年記念論文集——』2006年.
「中小企業金融における情報の非対称性——融資判断における金融機関の論理をめぐっ
　て——」『中小企業季報』2012No.4（通巻164号），2013年.
「中小企業における情報の非対称性に関する研究序説——経営計画策定との関連から——」
　『名古屋学院大学大学院経済経営論集』第17号，2014年.

中小企業における経営計画による経営理念の浸透
——経営の「見える化」実現に向けて——

2019年５月20日　初版第１刷発行　　＊定価はカバーに
　　　　　　　　　　　　　　　　　　表示してあります

著　者　宮　島　康　暢©
発行者　植　田　　　実
印刷者　西　井　幾　雄

発行所　株式
　　　　会社　晃 洋 書 房
〒615-0026　京都市右京区西院北矢掛町7番地
電話　075（312）0788番代
振替口座　01040-6-32280

装丁　クリエイティブ・コンセプト　　印刷・製本　㈱NPCコーポレーション
ISBN 978-4-7710-3169-2

JCOPY　〈㈳出版者著作権管理機構 委託出版物〉
本書の無断複写は著作権法上での例外を除き禁じられています．
複写される場合は，そのつど事前に，㈳出版者著作権管理機構
（電話 03-5244-5088，FAX 03-5244-5089，e-mail: info@jcopy.or.jp）の許
諾を得てください．